“十三五”国家重点出版物出版规划项目
航天先进技术研究与应用系列

基于时间特性的微博检索和微博过滤研究

Time based microblog retrieval and filtering

韩中元 著

哈尔滨工业大学出版社
HARBIN INSTITUTE OF TECHNOLOGY PRESS

内容简介

本书以微博检索和微博过滤为研究对象，探索了如何利用微博的时间特性来减少微博短文本对检索模型和过滤模型带来的不利影响。全书共6章，第1章介绍了微博检索和微博过滤中存在的问题及研究现状；第2章提出了基于词语时间分布的查询模型；第3章提出了基于时间的微博文档模型；第4章提出了基于时间敏感的微博检索模型，并进一步提出了时间敏感的排序学习算法；第5章提出了基于历史微博的微博实时过滤模型；第6章总结全书并进行了展望。

本书可供从事社交媒体短文本的信息检索、信息过滤等方向的研究人员和工程技术人员阅读参考，对事件跟踪、传播预测等研究也具有一定的借鉴价值。

图书在版编目(CIP)数据

基于时间特性的微博检索和微博过滤研究/韩中元著.—哈尔滨：哈尔滨工业大学出版社，2021.10

ISBN 978－7－5603－8793－2

Ⅰ.①基…　Ⅱ.①韩…　Ⅲ.①网络信息资源—信息检索—研究　Ⅳ.①G255.76

中国版本图书馆 CIP 数据核字(2020)第071324号

策划编辑　张　荣　鹿　峰
责任编辑　刘　瑶
出　　版　哈尔滨工业大学出版社
社　　址　哈尔滨市南岗区复华四道街10号　邮编150006
传　　真　0451－86414749
网　　址　http://hitpress.hit.edu.cn
印　　刷　哈尔滨圣铂印刷有限公司
开　　本　710mm×1000mm　1/16　印张8.75　字数200千字
版　　次　2021年10月第1版　2021年10月第1次印刷
书　　号　ISBN 978－7－5603－8793－2
定　　价　58.00元

前　言

随着社交媒体和移动互联网的迅速发展,以微博为代表的短文本信息流的处理技术变得越来越重要。数以亿计的微博用户使得微博成为人们重要的信息来源,特别是新闻、突发事件、热门话题的信息来源,对众多重大的历史事件、社会事件的发展产生了重要的影响。微博检索和微博过滤成为微博服务重要的组成部分,受到学术界和产业界的高度关注。

由于微博文本过短,且大多数词只出现一次,这对传统的检索模型和过滤模型提出了严峻的挑战。微博快速转发的特点使得受到关注的事件会在短时间内引起人们大量的转发和讨论,这使微博相较于其他文本呈现出显著的时间特性。近年来,学者们陆续提出了一些基于时间的微博检索模型和过滤模型。与单纯的基于内容的模型相比,这些基于时间的模型在一定程度上改善了系统的性能,为提升微博检索和微博过滤的性能提供了一个新的解决途径。

目前,基于时间的微博检索研究主要集中在利用与查询相关的微博在时间上的分布来改善查询扩展和检索模型。而事实上,词频在时间上的分布差异、微博在时间上的相互关系、相关微博的时间分布都呈现出较强的规律性,这些规律性并没有得到充分的挖掘和重视,尤其在文档建模和微博过滤中,时间特性尚未获得应用。

在上述背景下,本书以微博检索和微博过滤为研究对象,从时间维度上分析了词语时间分布、文档时间分布和查询时间分布的特点,围绕查询建模、文档建模、查询与文档相关度计算以及过滤模型展开研究,力图利用微博的时间特性缓解短文本给基于内容的微博检索和微博过滤带来的困境。本书主要内容包括:

(1)针对微博查询短的问题,提出了基于词语时间分布的查询模型。本书首先分析了扩展词与查询词在时间分布上的特点，在提出词语时间分布的定义和估计方法的基础上，给出了查询词与扩展词的时间分布相似性的度量，以此作为它们的相关度，完成扩展词的选择和查询模型的重估。

(2)针对微博内容短的问题，提出了基于时间的微博文档模型。该模型尝试利用词在爆发期内微博上的分布以及词在时间近邻微博上的分布来估计扩展词的权重，并提出了基于机器学习的扩展词选择方法，据此构建文档扩展模型，并利用该文档扩展模型估计更准确的文档模型。

(3)针对短文本给微博与查询的相关度计算带来的影响，将时间特性引入到微博检索中，使得微博检索在考虑内容相关度之外，还考虑了微博与查询在时间上存在的多种相关度，以使排序结果更符合相关微博的时间特性。具体而言，在经典语言模型检索框架下，给出了三种利用时间关系优化检索结果的方法；在排序学习框架下，提出了一种基于时间敏感的排序学习算法，设计了时间敏感损失函数，提高了微博检索的性能。

(4)针对在微博实时过滤中传统分类模型过滤效果不佳的问题，提出了基于历史微博信息的微博实时过滤模型，有效地融合了检索模型和分类模型。具体而言，本书提出了基于历史微博的微博实时过滤模型的框架，将历史微博的排序信息以及时间近邻信息应用在检索模型中构建先验知识，并利用先验知识动态调整分类模型的分类面。进一步，以语言模型和逻辑回归模型为例，实现了该框架的一个实例及参数的估计方法。

本书的研究具有一定的理论价值和应用价值，其研究成果不仅可以应用于微博检索和微博过滤，同时也适用于其他具有时间特性的社交媒体文本的检索和过滤。此外，对于话题跟踪、实时推荐、传播预测等研究也具有一定的参考价值。

本书的研究成果在 TREC 2012 微博评测中获得微博检索的第一名、微博过滤的第一名，在 TREC 2017 微博摘要评测中获得实时推荐第一名、每日摘要第一名。

最后，感谢李生老师对我的教诲，他是我的学术导师，更是我的人生导师。

感谢杨沐昀老师、齐浩亮老师的指导，感谢孔蕾蕾博士给予我的无私帮助，感谢赵铁军老师、徐志明老师对本书的指导。感谢陈晨、李绪维、李松同学为各章节实验所做的贡献。感谢我的父母和爱人在我身后默默地付出。

由于作者水平有限，疏漏和不足之处在所难免。在此，诚恳期望得到各位专家和读者的批评与指正。

作　者

2021 年 5 月

目　　录

第1章 绪 论

1.1 本书的背景和意义

2020年4月中国互联网络信息中心(CNNIC)发布的第45次《中国互联网络发展状况统计报告》显示[①],截至2020年3月,我国网民规模为9.04亿,微博使用率高达42.5%。根据Twitter 2020年一季度财报显示,Twitter日活跃用户数量已高达1.64亿,巨大的用户数量使以微博为代表的短文本信息流的处理技术变得越来越重要。

作为一种典型的短文本应用,微博允许用户以极短的文字实时与社交网络中的朋友及大众分享信息。实际上,微博已成为互联网重要的信息来源,特别是新闻、突发事件、热门话题的信息来源,已经对众多重大的历史事件、社会事件的发展产生了重要的影响。面对海量微博和众多用户及其多样性的信息需求,微博检索(Microblog Search)和微博过滤(Microblog Filtering)已经成为微博服务不可或缺的重要组成部分。

目前,微博服务提供商和传统的搜索引擎服务商——Google、百度和Bing等都提供了微博检索服务,微博检索已经成为产业关注的重点。同时,微博检索和微博过滤也同样受到学术界的广泛关注,成为研究热点。信息检索领域影响力最大的文本检索会议——TREC(Text REtrieval Conference)从2011年到2015年连续5年开展了微博检索评测。2011年首次设立微博检索任务就吸引了来自全球的58个研究团队参与,是TREC历史上吸引参赛队伍最多的评测任务之一。5年的TREC微博评测中,累计参赛队伍数达到了146个,共提交了405组实验结果。

---

① http://www.cac.gov.cn/2020-04/27/c_1589535470378587.htm

典型的微博系统(如 Twitter 和新浪)每天都会产生数以亿计的微博,即使在用户发出查询请求后的很短时间内,也会产生数量巨大的新微博。这意味着,当用户提交了一个查询之后,满足用户信息需求的微博有两部分:一部分来自用户提交查询之前的微博集合;另一部分来自用户提交查询之后源源不断发布的新微博所组成的数据流。

TREC 将从查询提交之前的微博集合中获取与查询相关的微博的过程称为微博实时检索任务;在用户提交查询之后继续发布的微博数据流中获取相关微博的过程称为微博实时过滤任务。

微博快速转发的特点使得受到关注的事件会在短时间之内引起人们大量的转发和讨论,与其相关的微博往往集中在一个或多个时间段内集中发布,这使微博相较于其他文本呈现出显著的时间特性。近年来,学者注意到微博的时间特性,陆续提出了一些基于时间的微博检索方法。与单纯的基于内容的方法相比,这些基于时间的方法为微博检索性能的提高提出了一个新的解决途径,在一定程度上改善了检索系统的性能,基于时间的微博检索已成为微博检索的研究热点。

目前,基于时间的微博检索研究主要集中在利用与查询相关的微博在时间上的分布来改善查询扩展和检索模型。而事实上,词频在时间上的分布差异、微博在时间上的相互关系、相关微博的时间分布都呈现出较强的规律性,这些规律性并没有得到充分的挖掘和重视,尤其在文档建模和微博过滤中,时间特性尚未获得应用。

本书关注利用时间特性改善微博检索和微博过滤的性能,围绕查询建模、文档建模、文档与查询相关度计算以及过滤模型展开研究,力图通过微博的时间特性减少短文本给基于内容的微博检索带来的困难,并利用历史微博的排序信息和时间信息,在微博过滤中融合检索模型和分类模型。

本书的研究具有一定的理论价值和应用价值,其研究成果不仅可以应用于微博检索和微博过滤,同时也适用于其他具有时间特性的文本,比如微信等即时通信所产生数据的检索和过滤。

1.2 微博检索的相关研究

信息检索指从非结构化的信息集合中找出与用户需求相关的信息。其过程可以简单地描述为：用户以查询的形式描述其信息需求，信息检索系统根据用户提交的查询信息按照某种策略从文档集合中检索出符合用户信息需求的相关文档，并将这些文档按照其与查询信息的相关性进行排序，最后返回给用户有序的文档子集。

信息检索模型是描述文档和用户查询的表示形式以及它们之间关系的框架。可以将信息检索模型理解为一个四元组$[D,Q,F,R(Q,d)]$，其中，d为文档表示；Q为查询表示，用于描述用户的需求；F为文档表示、查询表示以及它们之间的相关度计算的模型框架；$R(Q,d)$为用户计算查询Q和文档d的相关度，如图1－1所示。

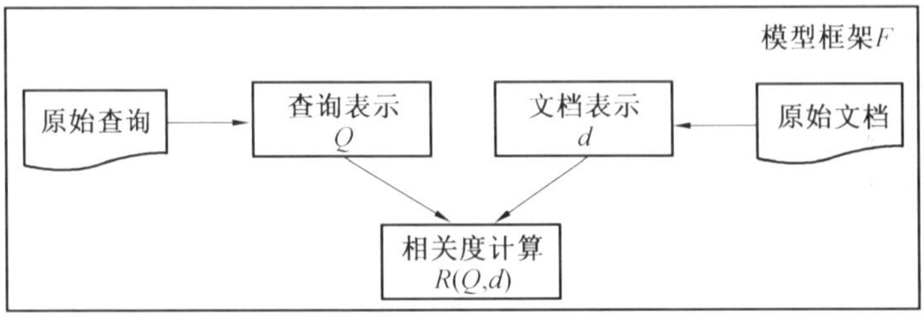

图1－1　信息检索模型

从信息检索模型的定义可以看出，信息检索模型关键在于如何表示查询、如何表示文档及如何计算查询和文档的相关度。

为了处理检索问题，研究者陆续提出了许多检索模型。如早期的布尔模型、向量空间模型、概率模型，随后逐渐成为主流的语言模型及排序学习等。应用在信息检索领域的语言模型由Ponte和Croft提出，其严谨的数据基础、良好的检索性能使得语言模型逐渐成为信息检索领域的主流模型。近年来，排序学习方法因其可以利用机器学习方法来优化排序结果而受到重视，其优势在于能够将更多的特征引入排序模型中以获得检索性能的提升。

微博可以形式化地表示为一个四元组$[C,T,A,U]$，其中C是文本内容集合，限定长度为140个字符或140个汉字；T是微博发布时间；A是微博属性集合，包含转发数、评论数等信息；U是微博发布者属性集合，包含粉丝数、关注数等用户信息。相较于传统文档检索，微博检索利用微博内容之外的其他信息如T、A、U等来缓解C过短而带来的问题，以提高检索性能。本书重点关注利用T来改善微博检索和过滤性能。

本节主要介绍微博检索的相关研究。首先介绍目前微博检索中两个重要的检索模型:语言模型和基于排序学习算法的检索模型,最后重点梳理时间在微博检索中的应用。

1.2.1 基于语言模型的信息检索

早期信息检索中的语言模型是指文档语言模型,该模型以文档为单位建立语言模型,将生成查询的概率 $P(d \mid Q)$ 作为文档和查询相关度的依据。在 $P(d \mid Q)$ 上使用贝叶斯法则,根据词的独立性假设并略去对文档排序不造成影响的因素,$P(d \mid Q)$ 的估计如下:

$$P(d \mid Q) \propto P(Q \mid d)P(d) = P(d)P(q_1, q_2, \cdots, q_n \mid \theta_d) = P(d)\prod_{i=1}^{n} P(q_i \mid \theta_d) \tag{1-1}$$

式中,d 为文档;Q 为查询;q_i 为查询 Q 的第 i 个查询词;θ_d 为 d 的文档语言模型;n 为查询词个数。这个模型称为查询似然模型(Query Likelihood Model)。

Lafferty 和 Zhai 在风险最小化模型下发展了语言模型,为查询和文档集合中的每一篇文档都建立了一个统计语言模型,并通过一个损失函数建模用户的信息需求,将信息检索问题转化为一个风险最小化问题。在风险最小化模型下,一个典型的语言模型框架如图 1－2 所示。

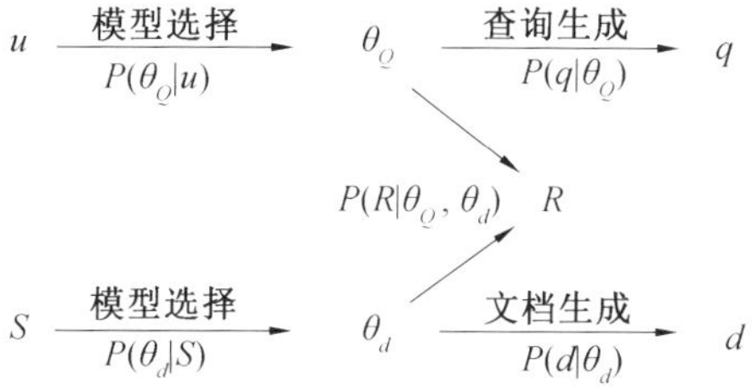

图 1－2　查询模型、文档模型及其相关性

在这个模型下,查询可被看作是与用户 u 关联的某个概率过程的输出,同样地,文档可被看作是与某个作者或者文档源 S 相关联的概率过程的输出。在这个观点下,查询和文档均可被视为选择一个模型,然后使用这个模型生成查询或文档的结果。根据不同的模型独立地生成每个文档,这些文档构成了文档集合。也就是说,查询模型包含了关于用户信息需求及其信息需求的上下文信息,而文档模型则由一个文档源及其作者的复杂信息组成。

用 θ_Q 表示查询模型的参数，θ_d 表示文档模型的参数，则用户生成一个查询的过程可以描述为：用户首先根据分布 $P(\theta_Q \mid u)$ 选择一个查询模型 θ_Q，然后使用 θ_Q 以概率 $P(Q \mid \theta_Q)$ 生成查询 q。文档源生成一个文档的过程可以描述为：文档源首先根据分布 $P(\theta_d \mid S)$ 选择一个文档模型 θ_d，然后使用 θ_d 以概率 $P(d \mid \theta_d)$ 生成文档 d。这个过程可简要地描述为 $u \rightarrow \theta_Q \rightarrow q, S \rightarrow \theta_d \rightarrow d$。

在确定文档与查询的相关性时，根据风险最小化模型，查询语言模型 θ_Q 和文档语言模型 θ_d 的相关度应用 KL(Kullback－Leibler) 距离度量，即

$$\mathrm{KL}(\theta_Q \mid \theta_d) = \sum_{w \subset V} P(w \mid \theta_Q) \log \frac{P(w \mid \theta_Q)}{P(w \mid \theta_d)} \tag{1－2}$$

式中，V 为整个词汇表；w 为 V 中的词项；θ_Q、θ_d 分别为查询和文档的语言模型；$P(w \mid \theta_Q)$、$P(w \mid \theta_d)$ 分别为 w 在 θ_Q 和 θ_d 中的概率。

由图 1－2 可以看出，基于语言模型的信息检索模型主要涉及三部分内容：查询模型、文档模型以及文档与查询的相关度计算。这使得检索系统的优化既可以从文档建模的角度开展，也可以通过对查询建立语言模型开展。下面分别综述语言模型框架下，估计查询模型及文档模型方面的研究工作。

1. 查询模型

在查询模型 θ_Q 的估计中，通常采用原始查询的最大似然估计与查询扩展模型相结合，即

$$P(w \mid \theta_Q) = (1-\lambda) P_{\mathrm{ml}}(w \mid Q) + \lambda P(w \mid \theta_{QE}) \tag{1－3}$$

式中，$P_{\mathrm{ml}}(w \mid Q)$ 为原始查询 Q 的最大似然估计；θ_{QE} 表示查询扩展模型。不同的查询扩展方法可以演化出众多的查询扩展模型。其中，基于(伪) 相关反馈的查询扩展是查询扩展的主流方法之一。

在相关反馈中，每个查询的相关文档需要人工反馈才能获得，代价过大，因此通常将初始检索结果的前 n 篇文档视为相关文档，这种方法称为伪相关反馈，检索结果的前 n 篇文档通常被称为伪相关反馈文档。在不引起歧义的情况下，本书随后的相关文档均指通过伪相关反馈确定的反馈文档。

基于伪相关反馈的查询扩展的基本步骤可以描述如下：

(1) 用初始查询进行检索，得到检索结果列表。

(2) 假定列表中前 n 篇文档是相关文档。

(3) 将相关文档集中的词视为备选扩展词，根据某种策略对备选扩展词排序，选出排在最前面的 k 个词作为扩展词(不同研究扩展词数量变化较大，从

5～10个到几百个扩展词。一般情况下选择10～30个扩展词)，建立扩展查询模型。

(4) 根据原始查询模型和扩展查询模型重新估计一个查询模型，利用该模型执行检索，得到最终的检索结果。

在语言模型框架下的基于相关反馈的扩展查询方法中，Lavrenko 和 Croft 提出的相关模型(Relevance Model)是使用最广泛的扩展查询模型之一。相关模型根据查询 Q 与备选扩展词 w 在与查询相关的文档集合 R 上共现的概率来估计查询模型，扩展后的查询模型为

$$P(w \mid \theta_{QE}) \propto \sum_{\theta_d \subset R} P(w, Q \mid \theta_d) P(d) \tag{1-4}$$

式中，w 为备选扩展词；Q 为查询，R 为相关文档的集合；d 为 R 中的一篇文档；θ_d 为文档 d 的语言模型；$P(w,Q \mid \theta_d)$ 为 w 和 Q 在 θ_d 中出现的联合概率；$P(d)$ 为 d 的先验概率。

从相关模型可以看出，扩展词的选择主要根据扩展词与查询在相关文档上的共现概率决定。这在微博检索中存在一定的问题：作为相关文档的微博过短，难以准确地估计扩展词和查询在相关微博上的共现概率，从而影响了查询扩展的效果。

2. 文档模型

在文档模型的建模中，由于一篇文档包含词的数量有限，大部分都不在词汇表 V 中，存在着严重的数据稀疏问题，在计算相关度时会存在 0 概率的问题。因此在对文档 d 建立语言模型 $P(w \mid \theta_d)$ 时，通常使用平滑方法调整词在文档上的概率分布，给予文档中不存在的词以一个小的概率，避免 0 概率问题的发生。常用的平滑方法，例如 JM(Jelinek－Mercer) 平滑方法表示为

$$P(w \mid \theta_d) = (1-\lambda) P_{ml}(w \mid d) + \lambda P_{ml}(w \mid C) \tag{1-5}$$

式中，C 为整个文档集合；$P_{ml}(w \mid d)$、$P_{ml}(w \mid C)$ 分别为应用最大似然估计的 w 在 d 和 C 中的概率；λ 用来控制平滑项的影响。

在公式(1－5)中，平滑利用了词在整个文档集合的分布信息来解决数据稀疏问题。但文档集合独立于文档 d，无法提供与 d 相关的信息。对此，通常对公式(1－5)的前一项加以扩展，通过为与 d 密切相关文档建立的扩展文档模型估计更准确的 d 文档模型，其一般形式为

$$P(w \mid \theta_d) = (1-\lambda)\left[(1-\delta) P_{ml}(w \mid d) + \delta P(w \mid \theta_d^e)\right] + \lambda P(w \mid C) \tag{1-6}$$

式中，θ_d^e 为扩展的文档模型，通过 θ_d^e 来提高文档模型 θ_d 估计的准确性。其中，基于内容的文档扩展方法是文档扩展的主要方法。

在基于内容的文档扩展中，基于聚类的文档扩展和基于内容近邻的文档扩展是两类主要的方法。

基于聚类的文档扩展先将文档按照一定的话题聚成若干个子类，利用文档 d 所属子类的信息来估计文档模型。Liu 和 Croft 提出了基于聚类的文档模型（Cluster－Based Document Model，CBDM）。在 CBDM 中，聚类上的文档语言模型被表示为

$$P(w \mid \text{Cluster}) = (1-\beta) P_{\text{ml}}(w \mid \text{Cluster}) + \beta P(w \mid C) \qquad (1-7)$$

式中，Cluster 是文档 d 所属的子类。

利用聚类的文档语言模型，词在文档中的分布由词在原始文档中的分布、词在文档所处聚类上的分布以及词在整个文档集合中的分布共同决定，一个文档模型被估计为

$$P(w \mid \theta_d^e) = (1-\lambda) P_{\text{ml}}(w \mid d) + \lambda P(w \mid \text{Cluster}) \qquad (1-8)$$

Kurland 和 Lee 的工作与 Liu 和 Croft 的工作类似，他们使用与文档的 KL 距离最相似的 $k-1$ 个文档形成的近邻和离线构建的聚类来估计文档模型。然而，Liang 等人的研究表明，微博的短文档特性使得来自于自身聚类的信息对微博检索的贡献十分有限。

Tao 等人认为，聚类的目标是将相似文档分组到一起，这种方法并不适用于准确地估计单一的文档。为此，他们提出了基于内容近邻的文档语言模型，其形式为

$$P(w \mid \theta_d) = \lambda \frac{\alpha c(w,d) + (1-\alpha) \sum_{b \in C-\{d\}} \gamma_d(b) \times c(w,b)}{|d|} + (1-\lambda) P(w \mid C) \qquad (1-9)$$

式中，d 为待扩展的文档；b 为整个文档集合 C 中去除文档 d 的其他文档；$c(w,d)$ 和 $c(w,b)$ 分别为词 w 在文档 d 及文档 b 上出现的次数；$\gamma_d(b)$ 为通过文档 d 和 b 的余弦相关度定义的一个置信度。当文档 d 和 b 的内容相关时，其相应的置信度会比较高，对文档模型的估计所起到的影响就比较大，这使得近邻文档模型主要受与文档 d 相关的文档（简称内容近邻）的影响。

类似的工作还有 Mei 等人提出的使用词图进行文档扩展。Huang 等人在 Mei 的基础上利用与文档余弦相关度最大的 k 个近邻文档来构造词图，实现文

档扩展。Efron 等人认为微博很短，只含有一个话题，因此将微博当作查询，使用相关模型对微博扩展，利用词在与文档相关度高的文档上的分布来估计 θ_d^e，即

$$P(w \mid d') \propto \sum_{d_i \subset R_d} P(d_i) P(w \mid d_i) \prod_{w' \subset d} P(w' \mid d_i) \qquad (1-10)$$

式中，w 为备选扩展词；R_d 为与 d 相关的文档的集合；d_i 为 R_d 中的一篇文档；$P(w \mid d_i) \prod_{w' \subset d} P(w' \mid d_i)$ 为 d 中的词 w 在 R_d 的文档 d_i 中出现的概率；$P(d_i)$ 为 d 的先验概率。

这些基于内容近邻的文档扩展方法的目标是确保文档语言模型的表示与其内容相近的文档具有较小的区别，以度量文档间相关度为基础的近邻的构建是这些方法的关键。然而过短的微博难以保证微博之间相关度计算的准确性，这对基于内容近邻的文档扩展方法有一定的影响。

1.2.2 基于排序学习的信息检索

近年来，在信息检索中，排序学习算法因为能够在计算相关度时引入较多的特征而受到了关注。在微博检索中，排序学习算法同样受到了重视。从 TREC 组织的微博评测中可以看出，与其他方法相比，排序学习算法具有较大的优势，TREC 2011 和 TREC 2012 不使用外部数据的最好结果以及 TREC 2013 无人工调参第一名的方法均为排序学习算法。

排序学习应用判别学习技术，以排序为目标，学习如何组合预定义的特征。Liu 提出，排序学习最显著的特点在于它组合各种特征的能力，其最主要的性质是排序特征和排序学习算法。排序特征指所有的文档被表示为反映文档与查询的相关性的特征向量。排序学习算法指在排序学习中使用判别学习的方法来组合各种不同的特征，对模型的参数进行求解。图 1－3 描述了一个典型的排序学习框架。

通过图 1－3 可以看到，排序学习采用机器学习方式，需要一个训练集。例如，典型的训练集由 n 个查询 $q_i(i=1,\cdots,n)$、与查询关联的用特征向量表示的文档 $\boldsymbol{x}(i)=\{x_j^{(i)}\}_{j=1}^{m^{(i)}}$（$m^{(i)}$ 是与查询 q_i 关联的文档的数目）及相应的相关性标签 $\boldsymbol{y}^{(i)}$（$\boldsymbol{y}^{(i)}$ 是一个向量，表示每个 $x_j^{(i)}$ 与查询 q_i 的相关性）组成。一个特定的学习算法被用于学习排序模型，该排序模型的输出应尽可能准确地对训练数据进

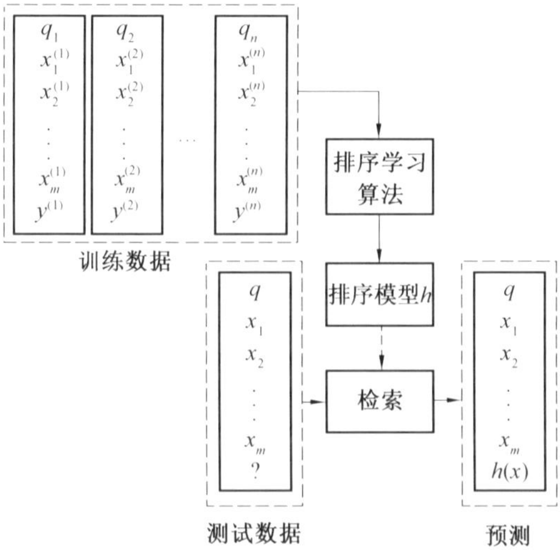

图 1－3　排序学习框架

行预测。在测试时，当一个新查询到来时，在训练阶段学习到的排序模型被用于文档排序以产生与用户查询相关文档的排序列表。

近期，由于排序学习可以从训练数据中通过组合不同的特征来自动学习排序模型，在微博检索中许多研究使用了排序学习算法。下面从排序特征和排序学习算法两个方面总结排序学习在微博检索中的应用情况。

在基于排序学习的微博检索的研究中，研究者主要关注了微博的三类特征：查询与微博的内容相关度、微博用户特征及微博文本的独有特征。

在查询与微博的内容相关度特征中，各种相关度被用于计算查询与微博的内容相关度。研究者主要使用的内容相关度特征包括 BM25 模型得分及语言模型得分、KL 距离得分、余弦相关度得分等。微博用户的特征用于捕获发布当前微博用户的特点，主要包括微博用户的粉丝数、微博用户的关注数及微博用户被分组数、微博用户的发博量等。微博文本独有的特征记录了微博自身的文本信息，研究者主要应用的特征包括是否包含 URL、转发数，是否含有话题(Hashtag)、回复数及微博的长度等。

值得注意的是，时间特征在排序学习中也获得了应用。然而，与在查询扩展中时间特性的研究相比，现有基于排序学习的微博检索方法中时间特性并没有受到足够的重视。其中，以微博发布时间与查询提出时间的距离为特征是研究者主要采取的特征。

对于排序学习算法，在微博检索中研究者主要是应用现有的排序学习算法，如MART、Ranking SVM、RankBoost及Lambda MART等均被用为微博检索的排序学习算法。目前，应用在微博中的排序学习算法还没有针对微博的时间特性定义相应的损失函数。

1.2.3 时间在微博检索中的应用

在信息检索中，研究者在较多研究领域中利用时间特性开展了一系列研究。例如，查询的时间特性分析、个性化查询扩展、提高 snippet 质量、文档排序、结果聚类、标签检索、关键时刻分析、相关信息的预测及图像检索等。

与本书相关的是直接改善微检索性能的研究。现有研究表明时间是度量文档质量或计算查询与文档的相关度的一个重要方面。在微博检索中，时间信息也逐渐受到重视，越来越多的研究着眼于利用微博的时间特性提高微博检索的性能。近期研究发现，相关微博在时间上具有最新性和爆发性的特点，这些特点有助于改善微博检索的性能。在微博检索中，时间特性主要被应用在利用时间估计文档的先验概率，并将其用于估计查询模型和微博排序中。

1. 基于时间的查询模型

在相关反馈中，由于缺少估计相关文档的先验概率 $P(d)$ 的信息，$P(d)$ 常被赋予相同的值。研究表明，在微博环境下，不同时间段上相关微博的数目具有较大的差别，即相关微博在时间上的分布并不均匀。现有研究将这一时间特性应用在查询扩展中，通过调整 $P(d)$ 来获得更好的查询扩展词，进一步重估查询模型。

基于时间的查询扩展方法主要分为两类：一是假设“时间越新文档越重要”，即利用最新性(Recency)估计 $P(d)$，本书称其为基于最新性的查询扩展；二是假设“爆发期内的文档更重要”，即利用时间的爆发性调整相关文档的先验概率，本书将这类方法称为基于爆发性的查询扩展。

在基于最新性的查询扩展中，代表性的工作是Li和Croft等人提出的基于最新性的相关模型。该方法认为，越新的文档越可能是相关文档，他们利用文档发布的时间信息，以指数分布估计文档的先验概率，给予发布时间离查询时间越近的文档越大的先验概率：

$$P(d)=P(d \mid t_d)=\lambda e^{-\lambda|t_Q-t_d|} \qquad (1-11)$$

式中，t_Q 为用户提交查询的时刻；t_d 为文档发布的时刻；λ 为指数分布的参数。

通过对相关模型的文档先验概率的重新估计，该方法定义查询扩展模型为

$$P(w \mid \theta_{QE}) \propto \sum_{\theta_d \subset R} P(w, Q \mid \theta_d) \lambda \mathrm{e}^{-\lambda |t_Q - t_d|} \tag{1-12}$$

式中，θ_d 为文档 d 的语言模型。在基于最新性的查询扩展中，那些在“新”文档中的词将有更高的概率成为扩展词。

基于最新性的查询扩展方法不能很好地处理那些爆发期远离查询时间或者具有多个爆发期的查询。因此，研究者提出了利用微博发布时间的爆发性来进行查询扩展。Keikha 等人将时间因素引入相关模型的框架中，提出了基于时间的相关模型。该方法将查询的生成过程看成是一个抽样的过程，首先以概率 $P(t \mid Q)$ 选择一个时间段，然后以概率 $P(w \mid t, Q)$ 从这个时间段的相关文档中抽样选择词 w，$P(w \mid t, Q)$ 经过一些假设变换后等价于扩展词在文档上的分布 $P(w \mid d)$ 之和，最终的模型为

$$P(w \mid \theta_{QE}) \propto \sum_{t} P(t \mid Q) \sum_{d \subset R_t} P(w \mid d) \tag{1-13}$$

式中，R_t 为在时间段 t 内的相关微博集合；d 为相关微博；$P(t \mid Q)$ 为每个时间段对于一个给定查询的重要程度，应用给定查询的检索结果的得分来估计。

$P(t \mid Q)$ 本质上是对相关文档的权重进行了调整。类似的工作包括：Choi 和 Croft 利用时间段内相关文档的转发数来确定重要的时间段，提出了一种利用用户的行为信息估计 $P(t \mid Q)$ 的查询扩展方法；Peetz 等人通过不同时间段内的反馈文档数量来确定爆发期，距离爆发期越近的相关文档越可靠，利用这些相关文档来选择查询扩展词。

无论是利用最新性的查询扩展还是利用爆发性的查询扩展，时间特性仅被用来调整反馈文档的先验概率 $P(d)$，本质上查询扩展词和查询的关系还是依据词在反馈文档内容上的分布 $P(w \mid \theta_d)$ 建立。然而，在微博检索环境下，作为反馈文档的微博过短，并且大多数词只出现一次，使得文档模型 $P(w \mid \theta_d)$ 估计并不准确，无法为查询扩展提供可靠的分布信息。仅依赖于时间对 $P(d)$ 调整，不能从根本上解决反馈文档模型 $P(w \mid \theta_d)$ 自身估计的不足，这意味着时间信息的作用受到了限制，没有充分发挥作用。

2. 基于时间的相关度计算

在利用时间改善检索模型的研究中，与利用时间特性重估查询扩展中伪反馈文档的先验概率类似，研究者普遍采取的策略是利用最新性或爆发性来重估

文档的先验概率。

典型的基于最新性的相关度计算方法是 Li 和 Croft 提出的基于时间的语言模型，该模型基于“越新的文档越能满足用户的信息需求”这一假设，利用时间特性估计文档的先验概率，通过公式(1－14)，在语言模型中引入了时间因素：

$$P(D \mid Q) \propto P(Q \mid D)P(D) = P(Q \mid D)\lambda e^{-\lambda|t_Q - t_d|} \qquad (1-14)$$

Cheng 等人对查询的时间敏感性进行了研究。他们提出，在具有时间特性的检索中，对于那些没有时间周期的、多个时间周期的、随机时间周期的或者周期性爆发的查询来说，具有最新性的文档也更符合用户的检索需求。为此，他们考察了大部分相关文档中词项的分布，判断它们在时间上是否呈现出显著变化，从而估计查询是否要求新发布的文档在排序中应被给予更多的关注。

Li 和 Croft 的方法中不区分查询对时间的敏感度。针对这个问题，Efron 和 Golovchinsky 对 Li 及 Croft 的方法做出了改进，提出了一个与特定查询相关的指数重排序模型。该模型利用检索结果在时间上的分布来估计查询对时间的敏感程度，并利用这个敏感程度对文档符合指数分布的先验概率的参数进行了重新估计。

卫冰洁和王斌通过对 TREC 微博检索的数据集进行分析发现，不是所有查询都具有最新性，相关文档并不总是出现在最新时刻，“时间越新文档越重要”这个简单假设并不总是成立的。他们将相关文档集中出现的高峰点定义为热门时刻，提出了新假设“越靠近热门时刻，文档越重要”，并据此提出了基于热门时刻的语言模型。

Dakka 等人对查询的时间敏感性进行了分析，讨论了多种针对不同时间段的重要程度的估计方法，据此调整语言模型和 BM25 中文档的权重。Efron 等人提出了一种基于时间反馈的无参数的概率密度函数的估计，来调整语言模型中文档的先验概率。Miyanishi 等人将最新性和爆发性结合起来共同影响排序结果。

以上研究的一个共同特点是利用了相关微博在时间上呈现的爆发性或最新性特点来调整文档的权重。

1.3 微博过滤的相关研究

1.3.1 微博实时过滤任务

微博实时过滤任务是判定不断到来的新微博是否与在某个特定的时间点上用户提出的查询相关。微博实时过滤任务与实时检索任务是两个相对的任务：在微博检索中，用户感兴趣的是查询提交之前的微博；在微博过滤中，用户已经看到了查询提交之前的微博，他们感兴趣的是新发布的微博中与他们提交的查询相关的那些微博。微博过滤为信息监控、用户跟踪微博上主题的发展、微博推荐、信息过滤等应用提供了支持。

在过滤任务开始之前给定一个查询，系统被允许使用查询提出时间之前的整个数据集作为背景训练数据，并给出第一个相关微博作为一个正例。在进行微博过滤的时候，如果系统将一条微博判为相关，则可以获得该微博是否真正与查询相关的反馈；如果系统将一条微博判为不相关，则不会获得关于该微博与查询相关性的任何反馈信息。这是一个单边反馈的过滤任务，即过滤器只能获得被判为相关的微博的反馈。

1.3.2 微博过滤研究概述

在微博过滤的研究中，基于信息检索的方法和基于文本分类的方法是研究者主要采取的方法，这两类方法如图 1－4 所示。

图 1－4 的上半部分给出了基于文本分类方法的微博过滤示意图。这类方法将微博过滤看作是一个分类问题，利用从特征空间中学习到一个超平面，将微博分为相关微博和不相关微博。然而，这类方法在微博过滤任务中的性能并不理想。根据 TREC 2012 微博过滤任务的评测结果，基于传统文本分类的方法，如逻辑回归、在线 SVM 等，都没有取得好的过滤效果。

影响微博检索性能的主要原因是在在线的学习过程中，分类面的准确度是随着训练用例的增加而逐渐提升的，早期不准确的分类面降低了过滤器的性能。在微博过滤的早期阶段，提供给过滤系统的只有少量的训练数据（初始只

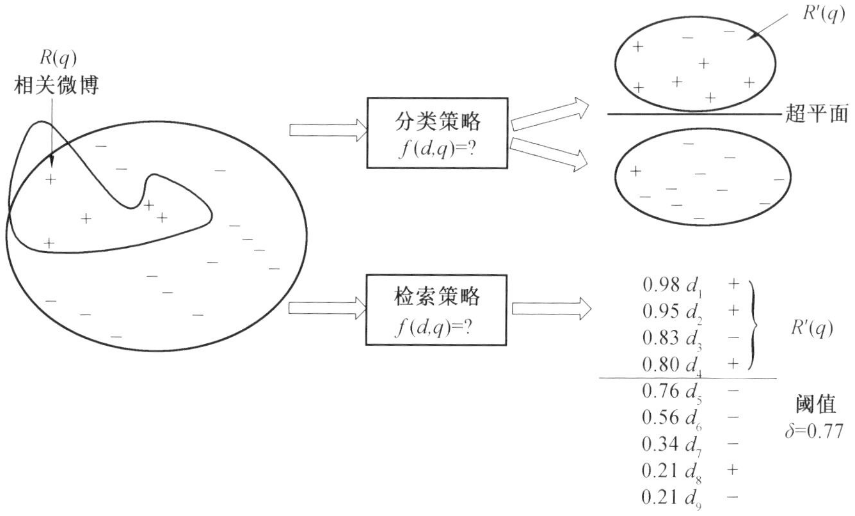

图 1－4　微博实时过滤的相关研究方法

有查询和一条并不保证相关度很高的微博）。此时，过少的训练数据使分类器无法进行有效学习，初期的分类面误差较大。而单边反馈使分类面另一侧的样本无法获取标签，更使得可用的训练数据大幅度减少。因此，系统较难快速获得一个较为有效的分类面。此外，单边反馈使得错误驱动的分类器会一直向正例的方向移动。研究者利用基于间隔（Margin）的方法将分类面反例一侧一定间隔之内的样本故意判为正例来获得样本标签，但会带来一定的损失。Karimi 等人尝试通过构建更多的训练样本来学习更准确的分类面；Liang 等人尝试通过合并两个分类器的结果来提升过滤的性能。然而，实验结果表明这些提高分类面准确度的方法并没有取得明显的提升。如何在微博过滤任务中提高分类面的准确度还有待于进一步探索。

图 1－4 的下半部分为基于信息检索的微博过滤方法。在这类方法中，首先计算微博与查询的相关度得分，根据相关度得分排序微博。然后选取一个阈值，将大于阈值的微博判为相关微博。在相关度得分的计算中，各种检索模型被应用。这类方法的核心算法在于如何更新查询以及如何调整阈值。Karimi 等人在过滤中使用基于语言模型的伪相关反馈；Albakour 等人考虑了查询漂移，使用向量空间模型来构建过滤器；Limsopatham 等人利用查询扩展方法来增强 Rocchio 反馈算法的中心。还有一些方法关注了阈值调整，比如，Appel 等人使用排序学习方法来计算相关度得分，尝试寻找一个有效的固定阈值；Han、

Karimi和Din等人致力于在语言模型框架下获得一个优化的阈值。相对于现有的基于文本分类的过滤方法，基于检索的方法获得了略优的过滤性能。但在过滤后期，基于检索的方法无法保证当训练样本充足时能够提供一个优化的分类面。

近年来，有一些研究尝试在分类模型中融合检索模型(或其结果)来共同完成过滤任务。如Karimi等人利用检索结果来增加LR和SVM的训练数据，Liang等人在SVM中将微博与查询的语言模型得分作为特征。然而，这些方法与单纯基于检索模型或者分类模型的方法相比，所获得的微博过滤性能的提升并不显著。

这些方法在融合检索和分类时，一个显著的问题在于它们都仅仅关注了当前微博的信息，而忽略了当前时刻之前发布的历史微博所包含的排序信息。此外，近期的研究显示了时间属性对微博检索的重要作用。然而，这一重要性质在微博过滤的研究领域尚未得到重视，时间属性没有在微博过滤中获得充分的利用。如何基于历史微博的排序信息和时间信息有效地融合检索模型与分类模型，是一个极具挑战性的任务。

1.4 主要研究内容

本书研究以满足用户信息需求为目的的微博检索和微博过滤，目标是将满足用户信息需求的相关微博(即与查询相关的微博)提供给用户。图1—5显示了微博检索与微博过滤之间的区别和联系。由图1—5可见，微博集合是一个持续的随着时间推移不断增长的微博集合。以用户提交查询的时刻作为分界，微博集合可以分为静态的微博集合和动态的微博流。微博检索面向的是静态的微博集合，根据文档与查询的相关度得分排序，以排序列表的方式呈现给用户；微博过滤面向的是动态的微博流，以在线过滤的方式，逐个微博判断是否与查询相关，并将过滤模型判为相关的微博展示给用户。微博检索和微博过滤的相同之处是都要找到与查询相关的微博；不同之处在于所面对的微博集合不同(静态和动态)，处理方式不同(离线和在线)，呈现结果的方式不同(排序列表和分类)。

总结1.2节和1.3节介绍的相关工作，微博检索和微博过滤主要存在以下问题。

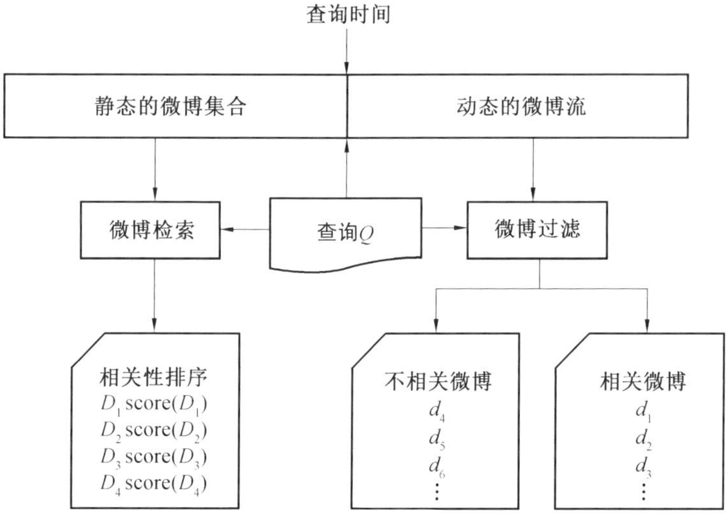

图 1－5　微博检索与微博过滤

对于微博检索任务，经典的基于内容的检索模型在微博检索中受到了一定的影响。首先，微博的查询很短。平均长度只有1.64个词，约是Web查询长度的50%。过短的查询意味着用户的检索需求更加模糊，词的不匹配问题更加严重。其次，微博的内容很短。与传统的检索对象相比，微博的长度更短。例如，Twitter的长度被限制在140个字符内，平均每个查询的检索结果只包含19.55个单词，新浪微博的最大长度是140个汉字。过短的文档意味着查询词在相关文档中不出现的风险变得更大，词的不匹配问题更加严重。而用词随意、不规范等问题更使得文档的可用信息变少。另外，词频信息是大多数检索模型的重要排序依据，然而，在微博中大多数词只出现了一次，词频信息的失效影响了检索性能。例如，文档语言模型根据文档模型产生查询的概率$P(Q \mid d)$估计查询Q和文档d的相关度，对于微博，由于查询和文档都非常短，给文档语言模型的估计带来了极大的偶然性，甚至变得不再可靠。查询短和微博内容短的问题给原有基于内容的检索模型带来了挑战。经典的解决短文本检索问题的方法对查询或文档进行扩展，如基于伪相关反馈的查询扩展方法、基于内容聚类或内容相似的文档扩展方法等，受到查询和文档过短的影响，其应用效果在微博检索中受到了限制。如何在文本内容之外寻找其他有效信息来完成查询的建模、文档的建模以及查询和文档的相关度计算是微博检索迫切需要解决的问题。

对于微博过滤任务，过滤系统需要对新发布的每一条微博依次判断它与给定查询的相关性，并能够根据用户的反馈更新过滤模型。与其他在线过滤任务（比如垃圾邮件过滤）不同，微博过滤的一个显著特性是与用户查询的相关性，即过滤器需要对当前微博是否与查询相关做出判定。因此，微博过滤既具有检索任务的特点，又具有分类任务的特点。从用户提交的各种不同的查询角度看，微博过滤需要判断微博是否与查询相关，研究者将其视为一个检索问题，应用检索模型对其建模；从逐个判断不断到来的微博是否与查询相关的角度看，研究者将其视为文本分类问题，应用分类模型对其建模。这两类方法分别针对微博过滤两个方面的特点展开了研究。但在微博过滤中，单独使用基于检索模型的过滤方法或基于分类模型的过滤方法的性能并不理想。一些研究尝试在微博过滤中融合这两类模型，但实验结果显示，这些融合方法尚未取得性能上的显著提升。如何在微博过滤中融合检索模型和分类模型有待于进一步的探索。

本书针对上述问题展开研究，关注于挖掘微博中的时间特性来减小查询短、微博内容短对基于内容的微博检索及微博过滤的影响。本书主要研究内容及章节组织如图 1－6 所示。

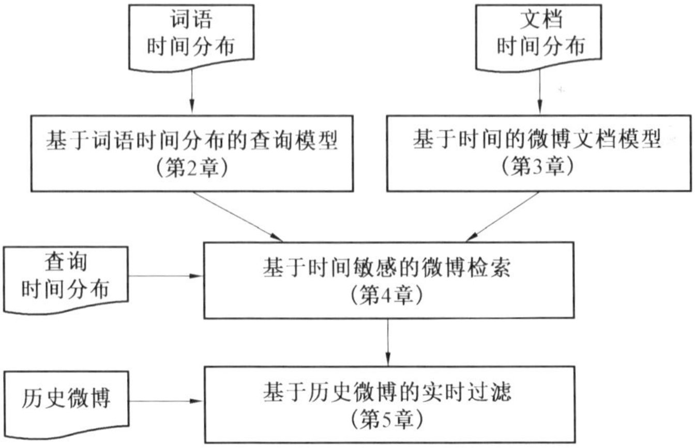

图 1－6　本书研究的主要内容

第 2 章和第 3 章提出了基于时间的查询模型与微博文档模型，这两章是微博检索所必备的基础性研究，分别利用词的时间分布和文档的时间分布来减少查询很短、微博也短带来的影响。第 4 章在第 2 章和第 3 章的基础之上，研究了在查询模型和微博文档模型之间的相关度计算时，如何利用时间特性来提高微博检索性能。第 5 章通过历史微博的信息，将微博检索模型引入分类模型中，提高了微博过滤的性能。具体内容如下：

第 2 章从词语时间分布出发，提出了基于词语时间分布的查询模型，减轻与查询短的问题。本书在提出词语时间分布的定义和估计方法的基础上，利用查询词与扩展词的时间分布相似性度量它们的相关度，完成扩展词的选择和查询模型的重估。该模型利用时间信息而不是内容估计查询模型，避免了基于内容的查询扩展方法因微博内容短而无法准确估计扩展词的不足。在 TREC 2011 和 TREC 2012 微博检索评测数据上的实验结果表明，基于词语时间分布的查询模型有效地提高了微博检索的性能，不仅显著优于经典的基于内容的查询扩展模型，还优于其他基于时间的查询扩展模型。

第 3 章考察了文档与文档在时间上的关系，提出了基于时间的微博文档模型，减轻了微博文本短的问题。本章尝试利用相关微博的时间特性扩展文档，综合考虑了相关微博整体在时间上呈现的爆发性以及个体在时间上呈现的近邻性的特点，利用词在爆发期内的微博和时间近邻的微博上的分布构建文档扩展模型，并进一步利用该扩展模型估计更准确的文档模型。此外，为消除文档扩展中与文档主题不相关的词的影响，进一步提出了基于机器学习的扩展词选择方法。在 TREC 2011 和 TREC 2012 微博检索评测数据上进行的实验证明了基于时间的微博文档模型有效地提高了微博检索的性能，而且优于多个目前主流的文档模型。

第 4 章根据与查询相关微博的时间特性，提出了时间敏感的微博排序模型。首先在语言模型框架下，探讨了如何利用时间特性来改进检索性能，给出了三种融合时间的相关度计算方法。进一步地，在排序学习框架下，以使排序结果中相关微博的分布更符合相关微博的时间分布规律为目标，定义了时间敏感损失函数，给出了时间敏感的排序学习算法。在 TREC 2011 和 TREC 2012 微博检索评测数据上，对基于时间敏感的微博排序模型进行了验证。实验结果表明，时间敏感的微博检索模型能够进一步提升微博检索的性能。

第 5 章基于历史微博的信息特性，提出了基于历史微博的微博实时过滤模型。该模型利用历史微博的排序信息及时间信息构建微博的先验信息，提出了利用先验信息调整分类面、融合检索模型和分类模型。本章首先给出了基于历史微博的实时过滤模型框架。进一步地，以语言模型和逻辑回归模型为例，实现了该框架的一个实例。该方法在 TREC 2012 微博过滤数据集上进行了实验，其结果优于获得 TREC 2012 微博过滤任务第一名的算法。

第 2 章 基于词语时间分布的微博查询模型

2.1 概 述

查询表达用户的信息需求一般由一个或几个查询词组成。信息检索过程中，用户往往使用与查询不同的词汇来描述相同的事物，这种词汇不匹配问题(Vocabulary Mismatch Problem)使得真正的目标文档难以仅通过与原始查询词的匹配被检索到。而查询建模的主要问题是如何将与查询相关的词加入用户的原始查询中，丰富查询模型，减轻词不匹配的问题，通常采用查询扩展来解决这一问题。因此，查询模型是提升检索性能的一个基础手段。

在各种查询扩展策略中，基于内容的查询扩展是最有效的查询扩展方法之一。该方法通常采用相关反馈方式，即将查询的初始检索结果展现给用户，通过与用户交互反馈，获得与查询相关的文档(简称为反馈文档)，根据某种策略从相关文档集所包含的词中选择扩展词，形成新的、更有效的查询，然后使用新查询再次检索，以期获得更好的检索效果。

在微博检索中，用户的查询比 Web 查询更短，不足以准确地描述用户的信息需求。例如，Twitter查询的平均长度为1.64个词，只有Web查询的50%，查询扩展的需求更为迫切。然而，基于内容的查询扩展在微博检索中受到了一定的影响：作为反馈文档的微博过短(例如，Twitter 的长度被限制在 140 个字符内，新浪微博限制字数为 140 个汉字)，并且大多数词只出现一次，严重的数据稀疏无法提供可靠的信息来建立查询和扩展词之间的关系。

近期研究发现，相关微博在时间上具有最新性和爆发性的特点，这些特点有助于改善微博检索的性能，利用时间的查询扩展受到越来越多研究者的关注。所谓最新性的查询扩展，基本假设是认为越新发布的文档越符合用户的查询需求，在作为反馈文档时应该给予更高的权重。例如，Li 和 Croft 在研究中给予距离查询时间更近的文档以更高的先验概率，使来自这些文档的词有更高的概率成为扩展词。第二类方法是基于爆发性的查询扩展。这类方法利用相关微博的发布在时间上具有爆发性的特点来调整反馈文档的权重，给予在微博爆发期内的文档更高的先验概率。例如，Keikha 等人根据反馈文档在时间上的聚集来估计微博的爆发期，给予爆发期内的文档更高的先验概率，使扩展词有更高的概率来自于爆发期内发布的文档。

这些基于时间的查询扩展方法的共同特点是利用时间信息来提高相关微博的先验概率，进而提高来自这些微博的词作为扩展词的概率。本质上，在这些方法中，扩展词与查询的相关性依然依赖二者在相关微博内容上的分布信息建立，仍未摆脱微博短的限制。而为了弥补微博内容短为查询扩展带来的影响，更为有效的策略是在微博的内容之外，寻找其他信息直接建立扩展词与查询之间的关系，从而解决基于内容的查询扩展的不足。

本章的主要内容是如何充分利用微博的时间特性，建立不受微博长度限制的查询扩展方法。研究者发现，相关微博中的词语和查询中的词（简称查询词）在时间上具有相似的趋势，即不同时间段内双方被使用的频率具有同增同减的现象。这是由于在微博环境下，一个话题会在较短的时间内被大量转发和评论，与查询相关的词（简称相关词）在这些爆发期内被大量使用。当话题的热度降低以后，这些相关词的使用频率也随着下降，这意味着相关词的使用频率在时间上具有同增同减的趋势（详见 2.2 节）。因此，单独利用相关词在时间上的分布相似的特性，可以在一定程度上反映扩展词与查询之间的相关性，从而在微博的内容之外建立扩展词与查询的关系，避免基于内容的查询扩展方法带来的限制。

据此，本章提出了一种基于词语时间分布的微博查询模型，尝试从微博内容之外，直接利用时间信息来建立扩展词与查询词的关系。该模型用词语时间分布的相似性来刻画相关词和查询词在时间上的这种同增同减的现象，与查询词的时间分布越相似的词是查询的相关词的概率越大。具体而言，本章定义了词语时间分布及其估计方法，给出了度量查询词与扩展词时间分布相似性的方法，利用这种相似性估计查询词与扩展词的相关性，据此选择扩展词，建立查询扩展模型。这种基于词语时间分布的查询模型在 TREC 2011 和 TREC 2012 微博检索评测数据的实验中，结果优于基于内容扩展的查询模型和其他现有基于时间的查询模型。

本章的余下部分组织如下:2.2 节分析了词语时间分布相似性;2.3 节给出了基于词语时间分布的查询模型;2.4 节描述了实验设计、实验结果及分析;最后对本章内容做了总结。

2.2 词语时间分布的相似性分析

微博作为人们交流的载体,其快速转发的特点使得受到关注的事件会在短时间之内引起人们大量的转发和讨论,与其相关的微博往往集中在一个或多个时间段内集中发布。这意味着,在一个话题的爆发期内,人们在讨论这个话题时会频繁地使用与这个话题相关的词(称为相关词,例如出现在相关微博中的词)。随着时间的流逝,这个话题逐渐淡出人们的视线,与这个话题相关的词的使用频率也随之下降。因此,词在不同时间段被使用的频率随着话题热门程度的改变,在时间上呈现出一定的波动性,且相关词在不同时间段上的使用频率存在同增同减的一致性趋势。本节以 TREC 微博评测的数据为例,对相关词的词频在时间上的相似性进行分析。

TREC 微博实时检索评测提供了从 2011 年 1 月 23 日至 2011 年 2 月 7 日之间的 1 000 多万条 Twitter 网站抽样微博,同时提供了 110 个查询(查询 1 至查询 110),以及人工标注的这些查询的相关微博。

我们首先以微博为统计单位,对不同时间段内的相关微博数量进行分析。图 2－1 以 d(天) 为单位展示了每一天与查询(查询 1、查询 4、查询 14、查询 20) 相关的微博数量。

观察图 2－1 可以发现,不同话题的相关微博数量在时间上的分布是不均匀的。大多数的相关微博集中在一个或几个“波峰”时间内发布。这是否意味着在不同的时间段内,相关词的使用频率也是不均匀的?

为此,本节进一步以词为统计单位进行了分析。结果表明,词在不同时间段上的使用频率同样存在波动性,且相关词在不同时间段上的使用频率存在一定的相似性。以第一个查询为例,图 2－2 展示了查询中的词、与查询相关的词及与查询无关的词在时间上使用频率的变化。查询 1 的内容是“BBC World Service staff cuts”,关注的是 2011 年 1 月英国广播公司(BBC) 新闻部门裁员这一新闻相关的微博。该新闻主要内容是“BBC close five of its 32 World

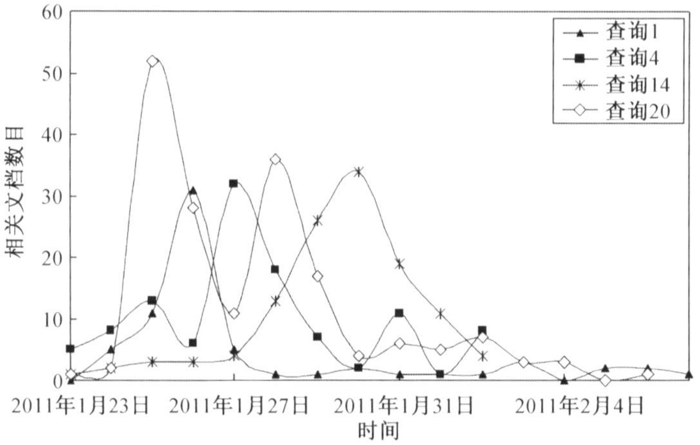

图 2－1　不同时间段内相关微博的数量

Service language services and staff have been informed that up to 650 jobs will be lost from a workforce of 2,400 over the next three years."。图 2－2 给出了查询主题中三个词"BBC""service"和"staff"，三个与查询相关的词"UK""language"和"job"，三个与查询无关的词"soccer""FIFA"和"catch"（来自查询 2，关注的是 2022 年世界杯）在以天为单位的时间段上的使用频率。其中，y 轴是词频，x 轴是时间（以 d 为单位），0 对应的是 2011 年 1 月 23 日。

观察图 2－2 可以发现，尽管词频的数值不同，但相关词的词频变化趋势是相似的。从图形上看，词"BBC"和"UK"、"service"和"language"、"staff"和"job"的图形具有一定的相似性，当某个时期内查询词的使用频率增加，与之相关的词的使用频率也往往随之增加；反之，当某个时期查询词的使用频率下降，与之相关的词的使用频率也相应地下降。这意味着相关词在不同时间段内的使用频率在一定程度上具有同增同减的一致性趋势。作为对比，三个与话题无关的词"soccer""FIFA"和"catch"，与查询词的图形差异度则相对较大。

从上面的分析可以看出，扩展词和查询词在不同时间段上的使用频率的变化具有一致性趋势。我们分析，这是由于在微博环境下，一个话题会在较短的时间内被大量转发和评论，与之相关的词在这些爆发期内大量地被使用。当话题的热度消散以后，这些相关词的使用频率也随着下降，这意味着相关词的使用频率在时间上具有同增同减的一致性趋势。

根据上述观察，本章意图捕获在时间上与查询词具有相似变化趋势的词。与基于内容的方法需要借助词在相关文档上的分布来建立词与词的关系不同，

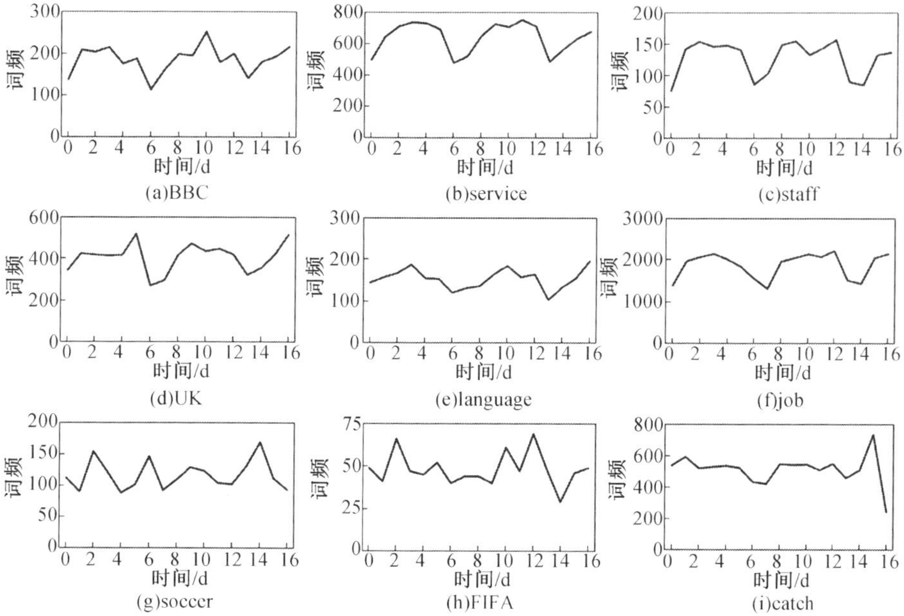

图 2－2　不同时间段内查询词、与查询相关的词及与查询无关的词的数量

本章方法直接利用时间获取词与词的关系，扩展查询，完成查询模型的重估。

2.3　基于词语时间分布的微博查询模型的重估

2.3.1　基于词语时间分布的微博查询模型框架

在 Lafferty 和 Zhai 提出的基于风险最小化的语言模型框架下，查询被建模为查询语言模型 θ_Q，在词的独立性假设下，使用原始查询的最大似然估计查询模型，描述词在查询上的概率分布，即查询中词的统计分布特征。

为解决词的不匹配问题，更好地建模用户潜在的检索意图，在查询建模中通常对查询进行扩展，即采用原始查询的最大似然估计与查询扩展模型结合的方式估计 $P(w \mid \theta_Q)$，其一般的形式为

$$P(w \mid \theta_Q) = (1-\lambda)P_{ml}(w \mid Q) + \lambda P(w \mid \theta_{QE}) \tag{2-1}$$

式中，$P_{ml}(w \mid Q)$ 为应用最大似然估计的 w 在 Q 中出现的概率；θ_{QE} 为查询扩展模型。

观察公式(2－1)，估计查询模型的关键在于估计一个更准确的查询扩展模型。基于 2.2 节的观察，本节应用词语在时间上的关系获取查询的相关词并且估计其概率，生成查询扩展模型，将其称为“基于词语时间分布的查询扩展模型(Term Time Distribution Query Model，TTDQM)”，采用 θ_{T} 表示。

与其他查询扩展方法类似，TTDQM 采取结合查询扩展模型与原始查询的形式估计最终的查询模型。应用 θ_{T}，公式(2－1) 可以表示为

$$P(w \mid \theta_Q)=(1-\lambda)P_{\mathrm{ml}}(w \mid Q)+\lambda P(w \mid \theta_{\mathrm{T}}) \tag{2-2}$$

式中，w 为原始查询词以及应用词语时间分布相似性获取的查询扩展词。
公式(2－2) 的核心部分是对 θ_{T} 的估计，即利用时间特性估计词与查询的相关度。本节应用基于词语时间分布的查询扩展，对 θ_{T} 的估计如下：

$$P(w \mid \theta_{\mathrm{T}})=\frac{\mathrm{score}(w,Q)}{\sum\limits_{w'\subset V}\mathrm{score}(w',Q)} \tag{2-3}$$

式中，$\mathrm{score}(w,Q)$ 为扩展词与查询之间的相关度得分，将基于词语时间分布相关度获得；w 为扩展词；V 为查询扩展词的集合。

下面将重点讨论 $\mathrm{score}(w,Q)$ 的估计，给出词语时间分布的估计及词语时间分布相似性的度量。

2.3.2　词语时间分布

1. 词语时间分布的估计

从 2.2 节的分析可以看出，词在不同时间段内的使用频率是变化的。从离散型概率分布的角度，这种变化可以使用词语时间分布来刻画。为描述方便，使用符号 $P(T \mid w)$ 来表示词语时间分布，其中，T 为表示时间段的随机变量，w 为一个词。对于某个具体的时间段 t_i，将 $P(T=t_i \mid w)$ 简化表示为 $P(t_i \mid w)$。$P(t_i \mid w)$ 描述了人们在不同时间段使用该词的频繁程度，反映了词在不同时间段的热门程度。其中 t_i 表示按照某固定时间间隔划分的时间片段，即微博集合的时间可以离散地表示为 $\{t_1,t_2,t_3,\cdots,t_n\}$，$t_i$ 代表一个具体的时间片段[本文中以自然天(24 h) 为单位]。在随后的内容中，在无特殊说明的情况下，均是在以 d 为单位划分的时间段上加以分析和讨论。

直接估计词语时间分布 $P(t_i \mid w)$ 比较困难，根据贝叶斯定理

$$P(t_i \mid w)=\frac{P(w \mid t_i)P(t_i)}{P(w)} \tag{2-4}$$

假定时间段相互独立且每个时间段的先验概率 $P(t)$ 相同，由全概率公式有

$$P(w)=\sum_{t_j\in T}P(w\mid t_j)P(t_j)=P(t)\sum_{t_j\in T}P(w\mid t_j) \tag{2-5}$$

则显然

$$P(t_i\mid w)=\frac{P(w\mid t_i)}{\sum_{t_j\in T}P(w\mid t_j)} \tag{2-6}$$

通过公式(2－6)，估计 $P(t_i\mid w)$ 被转化为估计 $P(w\mid t_i)$。$P(w\mid t_i)$ 表示从时间段 t_i 内发布的微博所含的全部词的集合中抽样出词 w 的概率。$P(w\mid t_i)$ 越大，表示在时间段 t_i 上词 w 被使用得越频繁。换言之，$P(w\mid t_i)$ 度量了词 w 在某一时间段 t_i 内的热门程度，即 $P(w\mid t_i)$ 表示词 w 在时间段 t_i 上被使用的概率，可以应用这段时间内发布的全体微博的语言模型来度量。本节将每个时间段内全体微博建立的语言模型称之为时间片段语言模型，用 θ_t 表示，采用最大似然估计的一元语言模型估计。则 $P(w\mid t_i)$ 可以估计为

$$P(w\mid t_i)=P(w\mid \theta_{t_i})=\frac{c(w,t_i)}{\sum_{w'\subset V}c(w',t_i)} \tag{2-7}$$

式中，V 为整个词表；w 为 V 中的词；$c(w,t_i)$ 为 w 在时间段 t_i 上发布的全部微博中出现的总次数。

根据公式(2－6)和公式(2－7)，则词语时间分布可以估计为

$$P(t_i\mid w)=\frac{P(w\mid \theta_{t_i})}{\sum_{t_j\in T}P(w\mid \theta_{t_j})} \tag{2-8}$$

2. 查询时间分布的估计

词语时间分布反映词在不同时间段的热门程度。类似地，用查询的时间分布来反映这组查询词在不同时间段的热门程度，用 $P(t_i\mid Q)$ 表示。与 $P(t_i\mid w)$ 的推导同理，查询的时间分布的估计为

$$P(t_i\mid Q)=\frac{P(Q\mid t_i)P(t_i)}{P(Q)}=\frac{P(Q\mid \theta_{t_i})}{\sum_{t_j\in T}P(Q\mid \theta_{t_j})}=\frac{\prod_k P(q_k\mid \theta_{t_i})}{\sum_{t_j\in T}\prod_k P(q_k\mid \theta_{t_j})} \tag{2-9}$$

式中，q_k 为查询 Q 的第 k 个查询词。

2.4 节将分别对基于词语时间分布的查询扩展和基于查询时间分布的查

询扩展进行对比。

2.3.3　词语时间分布相似性的度量

从 2.2 节观察到的现象出发，假定相关词的使用频率在时间上具有同增同减的一致性趋势，本节将这种一致性称为词语时间分布相似性。这种相似性从一定程度上反映了词语之间的相关程度，可以利用这种时间分布上的相似性来度量词语的相关度。考虑到度量两个分布之间距离的常用 KL 距离具有不对称性，不适合词语时间分布相似性的度量，本节应用常用的闵可夫斯基距离（$p=1$）度量二者的相似性。则词 w、q_i 的时间分布 $P(T|w)$、$P(T|q_i)$ 的相似性可计算为

$$S[P(T|w),P(T|q_i)]=\sum_{t_i\in T}|P(t_i|w)-P(t_i|q_i)| \quad (2-10)$$

在单位时间上，公式（2－10）等价于

$$S[P(T|w),P(T|q_i)]=\sum_{t_i}|P(t_i|w)-P(t_i|q_i)|\Delta t \quad (2-11)$$

式中，t_i 为一个时间段；Δt 为单位时间（在微博环境下，通常以自然日（24 h）作为单位）。

公式（2－11）的物理意义是扩展词和查询词的时间分布所围成的面积，当 $S[P(T|w),P(T|q_i)]$ 的值越小，则二者围成的面积越小，意味着 w 和 q_i 越相似。

以 2.2 节描述的查询 1 为例，图 2－3 分别展示了查询词“job”的时间分布与相关词“staff”和不相关词“soccer”的时间分布所围成的图形。

从图 2－3 中可以看出，两个相关词所围成的图形的面积明显小于两个不相关词所围成的图形的面积。公式（2－12）给出了扩展词 w 和查询词 q_i 的基于词语时间分布相似性的相关度的估计：

$$\mathrm{rel}(w,q_i)=N\{S[P(T|w),P(T|q_i)]\} \quad (2-12)$$

式中，q_i 为查询 Q 中的任意一个词；w 为反馈文档中的词；$N(x)$ 为归一化函数，且 $N(x)=(X_{\max}-x)/(X_{\max}-X_{\min})$，$X_{\max}$ 和 $X_{\min}$ 分别为样本数据的最大值和最小值。由于两个分布围成的面积小于等于 2 大于等于 0，因此本节将 $X_{\max}$ 设置为 2，$X_{\min}$ 设置为 0。$N(x)$ 对 x 进行了线性变换，将 x 转换为[0,1]之间的

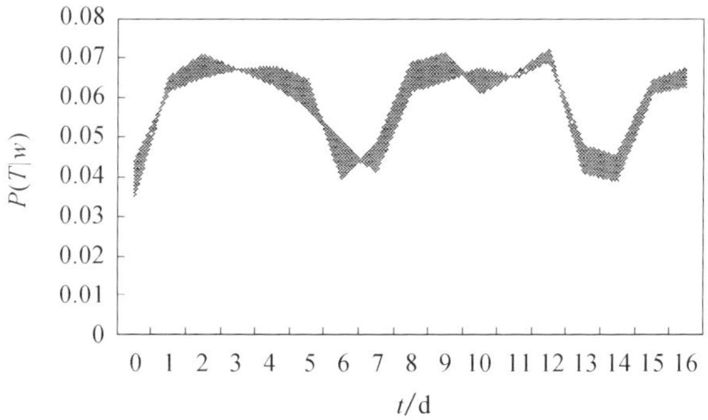

(a) 查询词"job"和相关词"staff"时间分布围成的图形

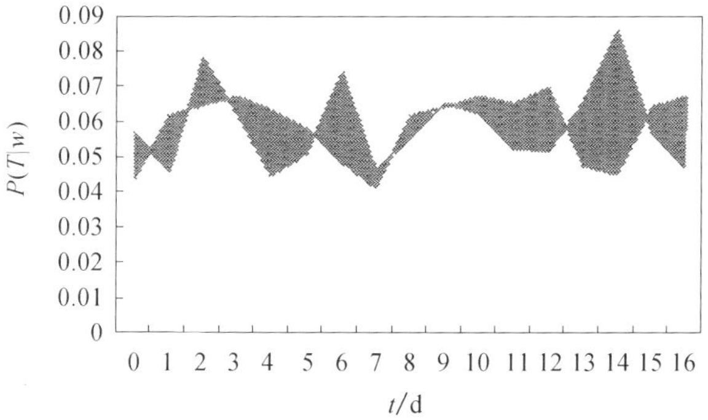

(b)查询词"job"和不相关词"soccer"时间分布围成的图形

图 2－3　查询词与相关词及不相关词的时间分布围成图形的差异

值，并使两个词的时间分布所围成的面积与两个词的相关度呈反比关系。即两个词的时间分布围成的面积越小，二者的相关度越大。

类似地，定义扩展词 w 和查询 Q 的相关度为

$$\mathrm{rel}(w,Q)=N\{S[P(T\mid w),P(T\mid Q)]\} \tag{2-13}$$

2.3.4　基于词语时间分布相似性的相关度计算

公式(2－12)和公式(2－13)依据词语时间分布相似性对两个词的相关度进行估计，这使备选查询扩展词与查询词(或查询)之间可以根据相关度进行排序。文献[20]指出，在查询扩展中，大多数查询扩展方法仅在备选查询扩展词中选择了小比例词添加到查询中，因此排序对扩展词的选择十分重要。而排序主要依赖于备选查询扩展词与查询词的相关度。

在查询扩展中，根据扩展词与查询词的关系，一对一策略和一对多策略是

两种主要的扩展词排序与生成策略。

一对一策略依据扩展词与查询中的某一个词的相关度排序扩展词，该方法倾向于将与查询中某个查询词最相关的词扩展到查询中，即 w 和 Q 的相关程度取决于 w 与 Q 中相关度最高的词。据此，定义扩展词与查询的相关度得分为

$$\text{score}(w,Q)=\max[\text{rel}(w,q_i)] \tag{2-14}$$

式中，q_i 为查询 Q 中的词；$\text{rel}(w,q_i)$ 用公式(2－12) 估计。

一对多策略中，扩展词的生成和排序依赖于扩展词与查询整体的相关度。应用公式(2－9) 和公式(2－13)，定义扩展词与查询的相关度得分为

$$\text{score}(w,Q)=\text{rel}(w,Q) \tag{2-15}$$

式中，$P(t\mid w)$ 是词 w 的时间分布，由公式(2－12) 估计；$P(t\mid Q)$ 为查询整体的时间分布，由公式(2－9) 估计。

在基于时间的查询模型中，相对于一对一的策略而言，采用一对多策略会存在一些潜在问题：一是单个查询词的时间分布与查询整体的时间分布存在较大差异。仍然以 TREC 微博评测的查询 1 为例，对比图 2－1 和图 2－2 可以看出，查询 1 的时间分布和查询词的时间分布存在较大差异。因此，通过查询整体的时间分布来选择扩展词存在一定的风险。二是与查询相关的词在时间上可能与一个查询词相关的，不一定与整个查询相关。例如，BBC 和 UK 存在着相关性，BBC 的域名是 www. bbc. co. uk，从图 2－2 中也可以看出 BBC 与 UK 的时间分布是相似的，这种相似是客观的，并不依赖于“BBC 裁员”这一查询建立起来。使用查询整体的时间分布会弱化每个查询词的时间分布，进而影响检索性能。因此，在基于时间的查询模型上，利用扩展词与单个查询词的时间分布相似性进行查询扩展(一对一策略) 将优于基于扩展词与查询整体的时间分布相似性的查询扩展(一对多策略)，2.4 节中的实验结果也验证了这一判断。

利用词与查询的相关度，可以对备选扩展词进行排序，然后选择前 n 个与查询最相关的词作为查询扩展词。这种策略是大多数查询扩展方法所采取的策略。虽然这个策略没有考虑到扩展词之间的相互关系，但是，很多实验结果验证了这种独立性假设可以获得更好的检索性能。

通常，现有的查询扩展方法均仅选择有限的扩展词来实现查询扩展。这主要基于两方面的原因：一是力求扩展后的查询仍然可以在检索中被快速地处理，显然，在查询中引入过多的查询扩展词将影响查询处理及检索的速度；第二，由于噪音词缩减的原因，向查询中添加一个小的但是由“好的”查询扩展词

组成的集合比添加所有备选查询扩展词更有利于提高检索的有效性。事实上，如果能够确切地选择那些最好的扩展词来扩展查询，那么检索的性能将获得较大的改善。依据这些在扩展词排序和选择上的研究成果，本节首先限制备选扩展词的范围为检索结果前 n 篇中出现的词，以避免主题漂移，然后根据词语时间分布与查询时间分布的相似性估计词与查询的相关度，将与查询的相关度最高的前 k 个词作为查询扩展词。

2.3.5　基于词语时间分布的查询扩展算法

算法 2－1 描述了本节基于一对多策略的查询扩展的算法。该算法首先使用原始查询获得初始检索结果的前 n 篇文档，将前 n 篇文档中的词组成备选查询扩展词集合，然后计算查询时间分布，最后通过备选扩展词与查询相关度获得 k 个备选扩展词及其权重集合。

算法 2－1　基于一对多策略的查询扩展算法

```
Input:查询 Q,微博集合 C,反馈文档数 n,扩展词数 k,时间片段的单位 T
Output:扩展词及其相应权重的集合 setQE
Initialization:setQE ← { }
----------------------------------------
R(n) ← retrieve(Q,C)
setQE ← {< w,0 >| word in R}
calculate P(T | Q)
for ( w_i in setQE)
    calculate P(T | w_i)
    score(w,Q) ← N(S(P(T | w_i),P(T | Q))
    < w_i,0 >←< w,score(w_i,Q) >
end for
setQE ← top k word in setQE
normalize weight of setQE
return setQE
```

算法 2－2 描述了基于一对一策略的查询扩展算法。与算法 2－1 不同，该算法需要依次获取查询中的每个词的扩展词及其权重。

算法 2－2　基于一对一策略的查询扩展算法

```
Input:查询 Q,查询词 qi,微博集合 C,反馈文档数 n,扩展词数 k,时间片段的单位 T
Output:扩展词及其相应权重的集合 setQE
Initialization:  setQE ← {}
R(n) ← retrieve(Q,C)
setQE ← {< w,0 >| word in R}
for(qi in Q)
    caculate P(T | qi)
end for
for( wi in setQE)
    caculate P(T | wi)
    for (qi in Q)
        score(w,qi) ← N(S(P(T | wi),P(T | qi))
        score(w,Q) ← MAX(score(w,Q),score(wi,qi)
    end for
end for
< w,0 >←< w,score(w,Q) >
setQE ← top k word in setQE
normalize weight of setQE
return setQE
```

2.4　实验与分析

2.4.1　实验设置

1. 实验数据

实验使用的是 Tweets 2011 数据集。该数据集是 TREC 2011 年和 2012 年微博评测所使用的数据集,于 2015 年对外公开。该数据集来自于 2011 年 1 月 23 日至 2011 年 2 月 7 日 Tweets 发布的微博 1% 的抽样。使用 TREC 微博检索组织方提供的爬虫,下载了 11 701 663 条微博。按照 TREC 的评测要求,对数据集做了如下预处理:① 删除了内容为空的微博;② 对于含有“RT”标志的转发微博,如果“RT”前面没有任何消息,则删除该微博,如果“RT”标志前面含有信息,则将此微博中的这部分信息保留,认为是用户在转发此微博时添加的有用信息，删除 RT 后面的内容；③ 过滤了非英语微博；④ 使用 Indri toolkit[①]，应用 Porter 算法进行了词干提取，去除了停用词。预处理后，剩余 5 058 404 条微博。统计信息见表 2－1。

表 2－1　微博数据集统计信息

总 Tweets	11 701 663 条
转发 Tweets	342 652 条
非英语 Tweets	6 300 607 条
索引的 Tweets	5 058 404 条

根据 TREC 微博检索任务的要求，某个查询提出时间之后的数据，即未来数据，对于该查询的检索是不可见的。因此，实验中为每个查询单独建立了索引，每个索引只含有查询时间之前的微博，以满足 TREC 评测对实时性的要求。

实验使用了 TREC 2011 的 49 个查询（查询 1 ～ 49，查询 50 没有相关微博）和 TREC 2012 的 60 个查询（查询 51 ～ 110）。每个查询都包含了一个表示该查询被发布时间的标签。TREC 微博检索总共标注了 114×10^3 个微博与查询的相关度，给出了四类标签：垃圾微博、不相关微博、相关微博和高度相关微博。对于检索任务，将相关微博和高度相关微博均视为相关微博，垃圾微博和不相关微博均视为不相关微博。

2. 基线方法和模型训练

本节选择了四个基线模型做对比，描述如下：

(1) 语言模型（Language Model，LM）。不进行查询扩展，只使用原始查询的语言模型，文档模型和查询模型均使用一元语言模型，文档模型的平滑方法使用 JM 平滑，如公式（1－5）所示，设置参数 $\lambda = 0.5$（Indri 默认值），本节提出的模型及其他基线模型均使用相同的文档模型。

(2) 相关反馈模型（Relevance Model，RM）。相关反馈模型是典型的基于内容的查询扩展模型。它通过计算扩展词和查询在相关文档中出现的联合概率来估计一个相关模型，如公式（1－4）所示。实验中，反馈文档数目设置为 50，扩展词数目设置为 20（根据文献[3] 在 TREC 微博评测数据集上的参数设置）。

① http://www.lemurproject.org/indri/

(3) 基于最新性的相关模型(Recency－Based Relevance Model, RBRM)。Li 和 Croft 将文档的最新性引入 RM 中，根据反馈文档发布时间距离查询时间的远近给予反馈文档不同的先验概率，增大“新”反馈文档对查询扩展模型的影响如公式(1－11) 所示。根据文献[5] 在 TREC 微博评测数据集上的参数设置，λ 设为 0.3，扩展词数目和反馈文档数取训练数据的最优值。

(4) 基于爆发期的相关模型(Burst－Based Relevance Model，BBRM)。Keikha 根据不同时间段内的反馈文档数量的不同，给予反馈文档不同的权重。处于爆发期内的反馈文档将对查询扩展模型产生较大的影响，如公式(1－13) 所示。扩展词数目和反馈文档数取训练数据的最优值。

上述各个基线模型和本节所提模型在检索时均是在语言模型框架下实现的，查询和文档的相关度使用 KL 距离度量，如公式(1－2) 所示。更具体的细节可以参考文献[19]。实验中，以 d 为时间单位(参照文献[7,8,9] 在 TERC 微博数据集上的设置)。

根据 TREC 评测的数据集设置，分别使用 TREC 2011 和 TREC 2012 两组数据，采用交叉检验的方式来训练参数。实验中首先使用 TREC 2011 微博检索的 49 个查询作为训练数据来训练参数，应用 TREC 2012 微博检索的 60 个查询作为测试数据，实验结果用 TREC 2012 标注。然后使用 TREC 2012 的 60 个查询作为训练数据来训练参数，应用 TREC 2011 的 49 个查询测试，实验结果标注为 TREC 2011。测试结果的反馈文档数、扩展词数以及与原始查询结合的插值系数均在训练数据上获得。在参数训练中，扩展词数的取值设定为 10、15、20、30、40、50、75、100，反馈文档数的取值设定为 10、20、30、40、50、100、150，插值系数取值范围为[0,1]，步长为 0.1。

3. 评价指标

实验中，使用 TREC 微博检索任务的主要评价指标 $P@30$ 来度量性能。$P@30$ 反映了前 30 个检索结果中相关微博的数目。由于微博很短，检索结果容易阅读，因此，微博检索并不像传统检索强调相关微博在检索结果前几位的重要性，而只是强调可以快速浏览的前 30 条微博中相关微博的数量。此外，提供 $P@20$ 的指标供参考。

评价指标 $P@k$ 定义为

$$P@k = \frac{1}{k}\sum_{j=1}^{k} rj \qquad (2-16)$$

式中，k 为前 k 个检索结果，如果检索结果的第 j 个位置是相关的，则 $r_j=1$，否则，$r_j=0$。

2.4.2 实验结果及分析

1. 实验结果

表 2－2 展示了本节模型与后面描述的基线模型在 Tweets 2011 数据集上的结果，将本节提出的基于词语时间分布的查询模型中，采用与单个查询词相关的查询扩展策略（一对一策略）的结果标记为 TTDM－q，采用与查询整体相关的查询扩展策略（一对多策略）的结果标记为 TTDM－Q。

表 2－2 列出了本节方法与基线方法在评价指标 $P@30$ 和 $P@20$ 上的值以及各种方法相对于语言模型的提升幅度。显著性检验采用 Wilcoxon 校验（$P<0.05$）。表 2－2 中，“&”表示显著优于 LM；“＊”表示显著优于 RM；“＋”表示显著优于 RBRM；“♯”表示显著优于 BBRM。

表 2－2　模型检索性能对比

	TREC 2011		TREC 2012	
	$P@30$	$P@20$	$P@30$	$P@20$
LM	0.413 6 (—)	0.449 0 (—)	0.335 0 (—)	0.361 0 (—)
RM	0.450 3 (＋8.9%)	0.493 9 (＋10%)	0.366 1 (＋9.3%)	0.401 7 (＋11.3%)
RBRM	0.471 4 (＋14.0%)	0.520 4 (＋15.9%)	0.383 6 (＋14.5%)	0.429 7 (＋19.0%)
BBRM	0.451 0 (＋9.0%)	0.504 1 (＋12.3%)	0.375 7 (＋12.1%)	0.406 8 (＋12.7%)
TTDM－Q	0.474 1$^{\&*}$ (＋14.6%)	0.513 3$^{\&}$ (＋14.3%)	0.409 6$^{\&*+\#}$ (＋22.3%)	0.447 5$^{\&*\#}$ (＋24.0%)
TTDM－q	0.476 9$^{\&\#}$ (＋15.3%)	0.526 5$^{\&}$ (＋18.0%)	0.418 6$^{\&*+\#}$ (＋25.0%)	0.450 0$^{\&*\#}$ (＋24.7%)

从实验结果可以看出，全部查询扩展比不使用查询扩展的语言模型 LM 都有提升，基于时间的查询扩展优于仅使用内容相关反馈模型的查询扩展 RM，本节所提出的基于词语时间分布的查询扩展（TTDM－Q、TTDM－q）优于其他基于时间的查询扩展模型（RBRM 和 BBRM）。这一实验结果在一定程度上

验证了本节提出的相关词在不同时间段内的使用频率在一定程度上具有同增同减的一致性趋势假设的合理性。

与 2.3.4 节的判断一致，采用与单个查询词相关的查询扩展策略TTDM－q 优于采用与查询整体相关的查询扩展策略 TTDM－Q。鉴于 TTDM－q 优于 TTDM－Q 方法，因此下面的详细分析只针对 TTDM－q 进行。

为进一步分析 TTDM－q 的检索性能，以 TREC 2011 的 49 个查询为例，图 2－4 比较了 TTDM－q 扩展后的查询与基线方法扩展后的查询的检索性能。其中，横坐标为查询号，纵坐标为 TTDM－q 较其他基线方法的增减幅度（以 $P@30$ 为评价指标），每幅图的标题为 TTDM－q 与之比较的方法名称。

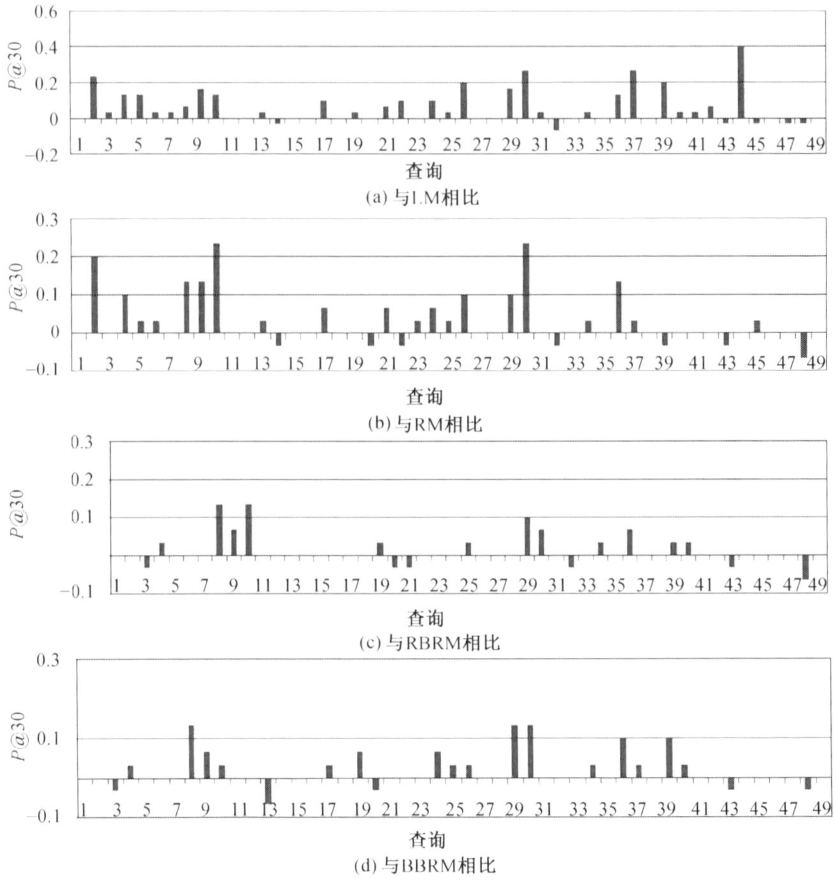

图 2－4　TTDM－q 较其他基线方法在 $P@30$ 上的增减幅度

观察图 2－4 发现，与基线方法中 $P@30$ 指标最好的 RBRM 方法相比，在

49 个查询上，TTDM－q 有 12 个查询的 $P@30$ 值获得了提升，增幅的平均值为 6.39%，下降的查询数目为 6 个，下降的平均值为 3.89%，性能增加的查询数量明显多于性能下降的查询数量。还有 31 个查询在 $P@30$ 上的增减幅度为 0，其原因在于这些查询不论应用 RBRM 方法还是应用 TTDM－q 方法进行查询扩展，与原始查询相比，$P@30$ 的性能均没有变化。

2. 扩展词分析

表 2－3 展示了 TTDM－q 对四个主题选择的查询扩展词。表中倾斜加重标注的扩展词是 TTDM－q 额外扩展的其他基线方法都没有扩展到查询中的词，其他词为 TTDM－q 与基线方法均选择作为扩展词的词。由于进行了词干提取，因此在括号中将单词补全。

以查询 2“2022 FIFA soccer”为例，该主题表述的是卡塔尔(Qatar)经国际足联(FIFA)投票确定举办 2022 年世界杯。从表中不难发现，不论是TTDM－q 还是其他基线方法，词“World”“Cup”“Qatar”等与查询相关的词均被扩展到查询中。此外，TTDM－q 还额外将“football”和“sport”等其他有关的词扩展了进来。类似地，查询 29“global warming and weather”关注全球变暖和天气问题，额外将“circumstance”(环境)、“worldwide”(全球)、“extreme”(极端)等相关词扩充了进来。查询 30“Keith Olbermann new job”指的是 Keith Olbermann 离开 Msnbc 加入(join)了 Current TV 这件事，TTDM－q 额外将“join”扩展进了查询。对于查询 61“Hu Jintao visit to the United States”，关注的是 2011 年中国原总书记胡锦涛访美的事件，朝鲜是此行的一个关注的议题。此外，访美期间他到访了芝加哥。TTDM－q 相比于其他方法，额外将“north”“Korea”“Chicago”等词扩展了进来。

从上面的例子可以看出，TTDM－q 和其他基线方法在检索性能上的提升受益于能够在基线方法之外进一步扩展一些与查询相关的词，减少词不匹配问题，获得性能的提升。

表 2－3　TTDM－q 对四个主题选择的查询扩展词

2022 FIFA soccer	global warming and weather	Keith Olbermann new job	Hu Jintao visit to the United States
World Cup	climate cold	Current TV	presid(ent) China

续表2—3

2022 FIFA soccer	global warming and weather	Keith Olbermann new job	Hu Jintao visit to the United States
Qatar	destroi(y)	career	relat(ion)
Held	caus(e)	MSNBC	diplomat(ic)
Summer	feel	RT	Obama
Plan	**circumst(ance)**	talk	**Korea**
footbal(l)	**worldwid(e)**	host	**North**
sport	**extrem(e)**	**join**	**Chicago**
……	……	……	……

3. 查询扩展对检索性能的影响

在查询扩展中通常将查询扩展模型和原始查询模型结合来估计最终的查询模型，其权重通过 λ 来调节[见公式(2－2)]。本节将分析 λ 的取值对检索性能的影响，结果如图 2－5 所示。

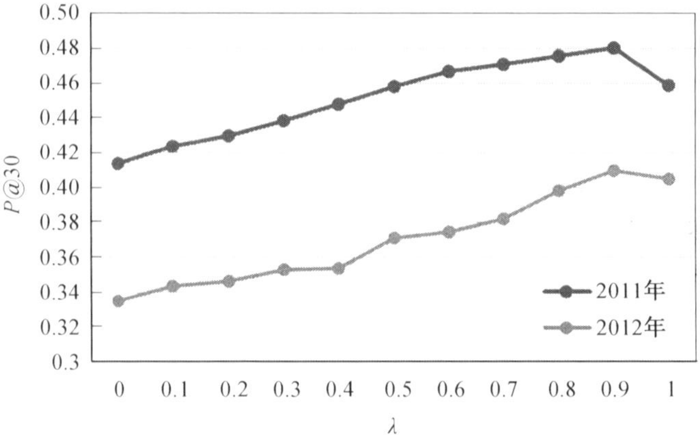

图 2－5　查询扩展对检索性能的影响

从图 2－5 中可以看出，随着查询扩展模型的权重 λ 逐渐增大，检索性能逐渐提升，当查询扩展模型的权重为 0.9 时检索性能最佳，此时原始查询的权重只有 0.1。

该实验结果还表明，仅使用原始查询(即 $\lambda=0$) 难以取得令人满意的结果，而仅使用查询扩展模型($\lambda=1$) 能够在一定程度上代替原始查询来完成检索任务。但是，一个有效的查询模型应该结合原始查询与扩展查询，并合理分配二者的权重。

4. 扩展词数量对 TTDM－q 的影响及分析

与其他查询扩展方法类似，TTDM－q 方法也同样存在两个重要的参数：查询扩展词数和反馈文档数。下面将分析这两个参数对 TTDM－q 的影响。扩展词数量决定了使用多少扩展词来扩展查询。图 2－6 显示了本文模型在取不同相关文档数的情况下查询扩展词数对 TTDM－q 的影响。

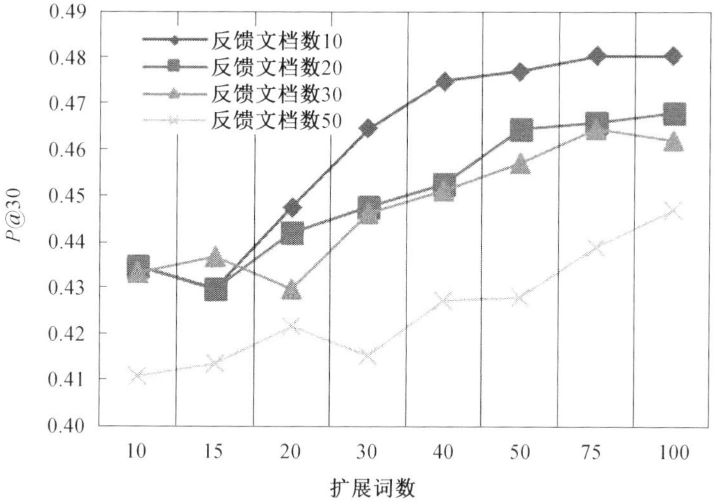

(a)TREC 2011 查询1~查询49

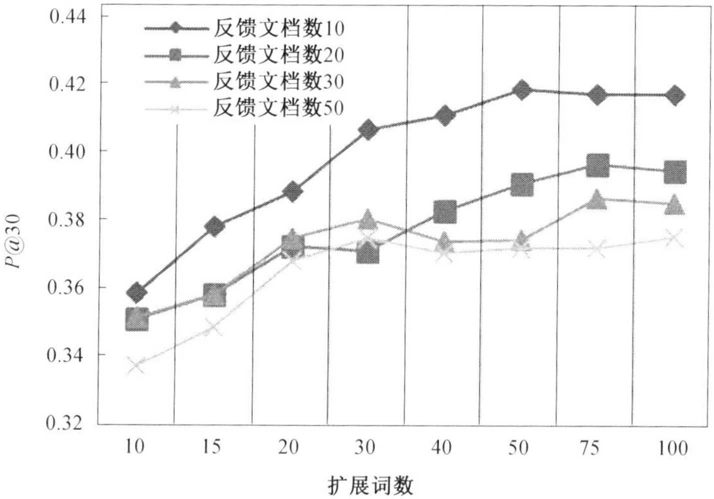

(b)TREC 2012 查询51~查询110

图 2－6　查询扩展词数量对 TTDM－q 的影响

从图 2－6 中可以看出，在不同反馈文档下，随着扩展词数量的增加，TTDM－q 的性能逐渐增加并趋于稳定，这与基于内容的查询扩展方法存在较大差异：基于内容的查询扩展通常使用数量较少的查询扩展词（例如文献[3]在 TREC 微博数据上设置为 20）。而在实验中也发现，较大数量的查询扩展词会引起基于内容的查询扩展方法的性能下降。其原因在于，在基于内容的查询扩展方法中，估计查询模型利用的是扩展词和查询在反馈文档中的分布。由于微博较短，仅利用词在反馈文档中的分布信息难以准确地建立查询词与扩展词的关系，随着扩展词数量的增多，扩展词与查询词的相关度计算变得更加不可靠，从而更难于准确地估计查询扩展模型。因此，基于内容的查询扩展在设置较大扩展词数时，检索性能有所下降。

相对而言，TTDM－q 随着扩展词数的增加，性能依然稳定。这是因为 TTDM－q 中扩展词与查询词的关系利用了每个时间段上全体微博的语言模型（本节实验数据中每天平均微博数约为 30 万条），大量微博被用来计算扩展词和查询词的时间分布的相似性，避免了基于内容的方法利用少量的微博估计扩展词和查询关系的不足。因此，TTDM－q 可以较为稳定地估计扩展词和查询的关系，在查询扩展模型中容纳更多的扩展词，而不会对检索结果产生过于明显的影响。在 TTDM－q 中，那些与查询弱相关和不相关的词被赋予了很小的权重，增加扩展词数虽然会将这部分词扩展进来，但由于其较低的权重而不会对检索结果产生太大的影响。因此，应用 TTDM－q，扩展词数可以设置为一个相对较大的值。

5. 反馈文档数量对 TTDM－q 的影响及分析

另一个影响查询扩展的重要参数是反馈文档数量。图 2－7 展示了在固定反馈词数的情况下，TTDM－q 方法随反馈文档数量增加的检索性能变化。

从图 2－7 可以看出，当设置较大的反馈文档数时，TTDM－q 的检索性能会迅速降低，这一点与基于内容的查询扩展方法存在一定的差异：在基于内容的查询扩展中，通常需要一定的反馈文档数量（例如文献[3]在 TREC 微博数据上设置为 50）来保证可以提供足够的扩展词和查询词的分布信息，太少的反馈文档会产生严重的数据稀疏问题，影响模型的估计。而 TTDM－q 随反馈文档数量增加而性能下降的原因是同一时间段内会有多个不同的话题一起被讨论，存在两个不同热门话题具有相似时间分布的可能性。由于备选扩展词集合来源于与查询相关的伪反馈文档，当伪反馈文档数量较少时，另一个与查询无

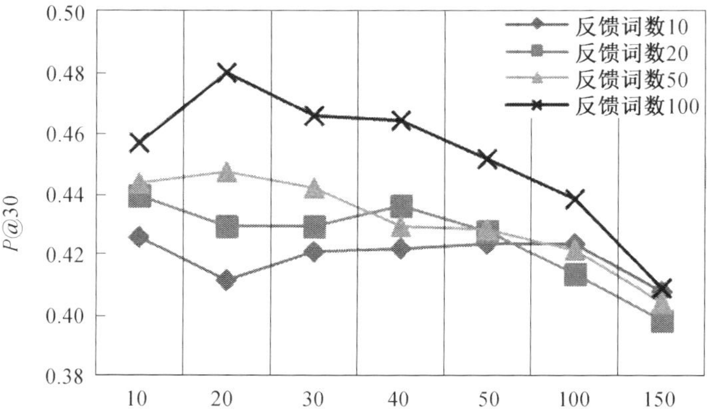

相关文档数量

(a)TREC 2011 查询1~查询49

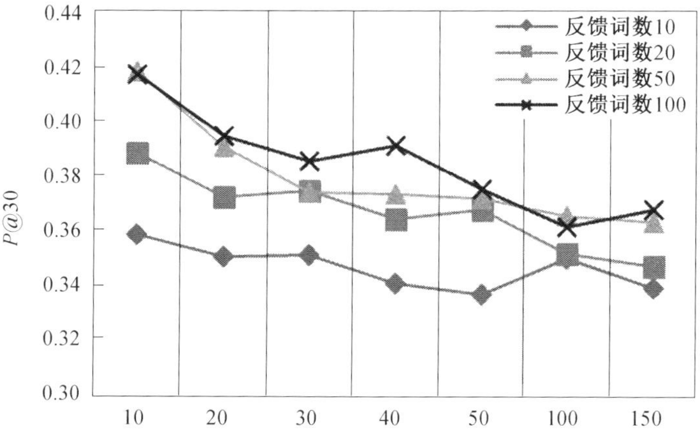

反馈文档数量

(b)TREC 2012 查询51~查询110

图 2－7　反馈文档数量对 TTDM－q 的影响

关的热门话题中的词在备选扩展词集合中出现的可能性较小，所以基本上不会对当前查询扩展产生影响。但反馈文档数目过多，与查询无关的热门话题中的词出现在反馈文档中的概率会增大，从而使查询扩展受到其他话题的干扰。因此，TTDM－q 倾向于使用较少的反馈文档来避免噪声。

6. 时间片段大小对 TTDM－q 的影响及分析

由于每个词的时间分布并不符合一些常见的分布形式（如正态分布等），很难构造出连续的概率密度函数来表示时间分布。现有基于时间的查询扩展方法大多基于离散的时间片段展开研究，本节也采用了离散的时间片段，词语时间分布利用时间片段上的语言模型估计。

本节分析离散的时间片段大小对 TTDM－q 的影响。图 2－8 展示了时间片段为 1 h、2 h、3 h、4 h、5 h、6 h、12 h、24 h 和 48 h 时，时间片段大小对 TTDM－q 检索性能的影响。

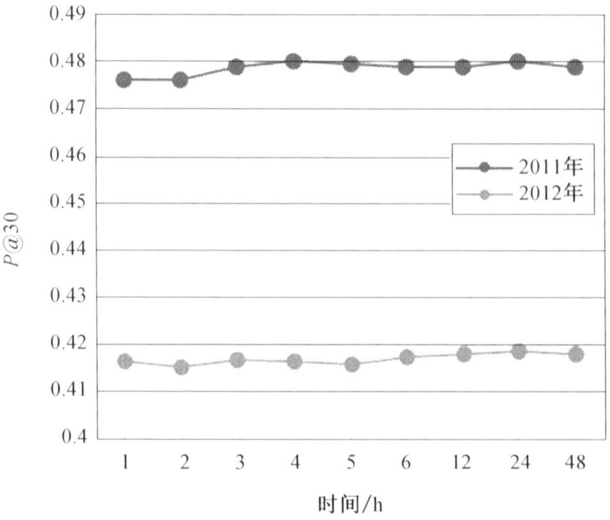

图 2－8　时间片段大小对 TTDM－q 检索性能的影响

从图 2－8 可以看出，时间片段大小对 TTDM－q 检索性能的影响并不明显。在 TTDM－q 中，扩展词和查询词的相关度是由二者词的时间分布所围成的面积决定的。尽管不同的时间片段大小影响的是面积的计算准确程度，但总体上并不影响相关词和查询词的分布面积与不相关词和查询词的分布面积的比较。理论上，太大的时间片段会弱化时间的影响，较小的时间片段有助于更准确地计算两个分布所围成的面积。但在实际应用中，过小的时间片段会使得每个分段上微博数量较少，有可能影响时间片段上语言模型的准确度。在实验中，以天为单位性能较好。但本节数据仅仅是 Twitter 的海量微博的 1% 抽样，在实际应用中，每小时甚至每分钟都会有大量的微博发布，这使得在较小的时间片段上也能得到相对精确的语言模型。因此，我们认为实际应用中应选择更小的时间片段。

从存储的角度，每一个时间片段上的语言模型会在每个词的倒排索引中增加一项，即每一个时间片段上的语言模型可以看作是存储该时间片段上全部微博的内容生成的文档，无须改变倒排索引结构。相较于数量众多文档而言，增加时间分段并不会增加过多的存储开销，但也应避免时间片段过小，例如以分钟作为单位会带来较大的系统开销。

尽管本节方法是在离散的时间分布上进行的，但由于查询词和扩展词的时间分布相关度的估计基于二者的时间分布所围成的面积，因此，本节方法对于连续的分布同样适用，仅需将公式(2－11)用概率密度函数表示为

$$S(w,q_i)=\int_t |f_w(t)-f_{q_i}(t)|\,\mathrm{d}t \qquad (2-17)$$

式中，$f_w(t)$、$f_{q_i}(t)$分别为扩展词w和查询词q_i的概率密度函数。但由于当前研究尚没有对词的时间概率密度函数的估计方法，因此本节无法进行TTDM－q在概率密度函数下的实验验证。

本章小结

本章提出了面向微博检索的基于词语时间分布相似性的查询扩展方法。该方法在时间维度上建立了查询词与扩展词之间的关系，弥补了传统基于内容的查询扩展方法因反馈文档短引起的数据稀疏问题。

具体而言，本章在分析词在不同时间段上使用频率特点的基础之上，提出了用词语时间分布来反映人们在不同时间段使用该词的频繁程度，并给出了应用时间片段上的语言模型来估计词语时间分布的方法。进一步，提出了利用词语时间分布相似性度量扩展词和查询(词)的相关度的方法。最后，建立了基于词语时间分布的查询模型。

本章提出的方法在TREC 2011和TREC 2012数据上进行了验证。实验结果显示，基于词语时间分布相似性的查询扩展优于四个基线方法：语言模型、基于相关模型的查询扩展、基于最新性的查询扩展和基于爆发期的查询扩展。本章所使用的查询模型采用一对一策略优于采用一对多策略。

与以往基于时间的查询扩展仅利用时间来调整反馈文档权重不同，本章直接利用时间关系来挖掘扩展词与查询词之间的关系，这种尝试还存在一定的改进空间。研究中发现，由于话题数量巨大，并不排除个别情况下两个无关话题的时间分布也可能是相似的，这会对基于时间的文档扩展带来不利影响。虽然扩展词来源于反馈文档中出现的词，保证了无关话题的词成为备选扩展词的可能性较小，但仍存在受到其他话题干扰的可能。

未来的工作将探索如何将时间相关和内容相关统一到一个扩展模型中，来避免单一使用词语时间分布的查询扩展方法带来的影响。此外，对词语时间分布的估计、时间片段语言模型、时间相关度的度量等也有待进一步的完善和发展。

尽管本章提出的方法是面向微博检索的查询扩展，但该方法同样适用于其他对时间敏感的检索任务，如微信以及其他即时通信信息的检索任务。此外，利用时间挖掘词之间的关系并不仅限于应用在查询扩展中，对其他挖掘词与词之间关系的研究也具有一定的参考价值。

第 3 章　基于时间的微博文档模型

3.1　概　述

一般情况下，一条微博由 20 个左右的词组成，这使得与查询相关的微博难以仅通过原始微博中的词与查询词的匹配被检索到。如何将与微博相关的词加入到原始微博中，丰富微博文档模型，减轻词不匹配的问题，是提升微博检索性能的一个基础手段。本章关注微博的文档建模，探讨在微博检索环境下利用相关文档在时间上的分布特点对文档进行扩展，估计更准确的文档模型，降低因微博内容短而为微博检索带来的不利影响，提升微博检索的性能。

在传统的文本检索和 Web 搜索中，待检索文档比较长，所以文档建模一般不是检索研究中的主要问题。而微博与传统的网页相比，长度非常短，140 个字符 / 汉字的长度限制使得待检索微博本身直接影响了传统检索的性能。首先，文档过短使得文档只在少数索引词上具有权重，这使得查询词不出现在相关文档中的可能性变得更大，词的不匹配问题更加严重。其次，由于在微博中大多数词只出现一次，因此作为估计文档模型重要依据的词频信息严重失效，甚至不如 IDF 有效，使得文档模型难以被准确地估计。此外，微博中用词随意、拼写错误等进一步加剧了上述两个问题。

在现有信息检索研究中，文档建模的一个主要研究内容是文档扩展，通过扩展更多的索引词，提供更丰富的信息来更准确地估计一个文档，更好地与查询词匹配，从而提升文本检索的性能。

在各种文档扩展方法中，基于文本内容扩展文档是主要方法。其基本思路是，应用与待扩展的文档相似的文档集合估计文档模型。这些用于文档扩展的相似文档可能来自文档的内容近邻、文档集上的聚类或由主题模型构建的主题等。然而在微博文档的扩展中，由于微博很短，使得相似性计算并不十分准确，这对基于内容的文档扩展产生了不利的影响，削弱了文档扩展对估计微博文档模型的作用，从而限制了检索性能的提升。此外，在微博环境下，新话题层出不穷，离线的聚类或主题难以准确地表示新话题，在线的聚类或主题的生成代价较高，较难在微博环境下实现，也制约了这类方法在微博检索中的应用。

研究表明，由于微博快速分享、传播信息的特点，相关微博往往在较短时间内集中发布的特性有助于改善微博检索的性能。然而，这些研究主要集中在查询与微博的相关度计算或查询扩展上，还没有将时间特性引入文档扩展的相关研究中。

为更好地避免微博短给文档扩展带来的影响，本章尝试利用相关微博的时间特性扩展文档，据此提出了基于时间的微博文档模型。该模型综合考虑了相关微博整体在时间上呈现的爆发性和个体在时间上呈现的近邻性特点，利用词在爆发期内的微博和时间近邻的微博上的分布获得文档扩展词的权重，并提出了基于机器学习的方法选择查询扩展词，进而估计更准确的文档模型。此外，为降低文档扩展的时间开销，使基于时间的文档模型更具实用性，本章给出了两个时间文档模型的简化估计方法。

本章提出的基于时间的文档扩展模型与传统文档扩展模型相比，主要区别在于：

(1) 根据时间特性估计扩展词的权重。权重由时间爆发期的文档和待扩展文档的时间近邻文档的分布来估计，而不是根据词在文档所属聚类或文档的内容近邻上的分布来估计。

(2) 扩展词依靠机器学习方法选择，而不是根据词在文档的聚类或内容近邻上的分布排序，设定前 n 个词作为扩展词。

本章提出的基于时间的文档模型在 TREC 2011 和 TREC 2012 微博检索评测数据上进行了实验。实验结果展示，本章提出的方法具有显著意义，优于基线方法。

本章的余下部分组织如下：3.2 节分析了相关微博的时间特性；3.3 节提出了基于时间的文档扩展模型，给出了基于时间爆发性的文档扩展和基于时间近邻性的文档扩展，并给出了基于机器学习的文档扩展词选择方法；3.4 节给出了两个优化时间开销的时间文档语言模型；3.5 节介绍了实验数据、评价指标、基线方法和模型的训练，给出了实验结果及分析；最后对本章工作的总结和展望。

3.2　相关微博的时间特性分析

本节以 TREC 微博评测的 110 个查询的 9 251 条相关微博为例，分析每个查询下相关微博的时间分布特性。

3.2.1　相关微博的时间爆发性

首先分析时间的爆发性。图 3－1 以 4 个查询(查询 1、查询 4、查询 14、查询 20) 为例，以自然天为单位，描述了每一天相关微博数量的变化。

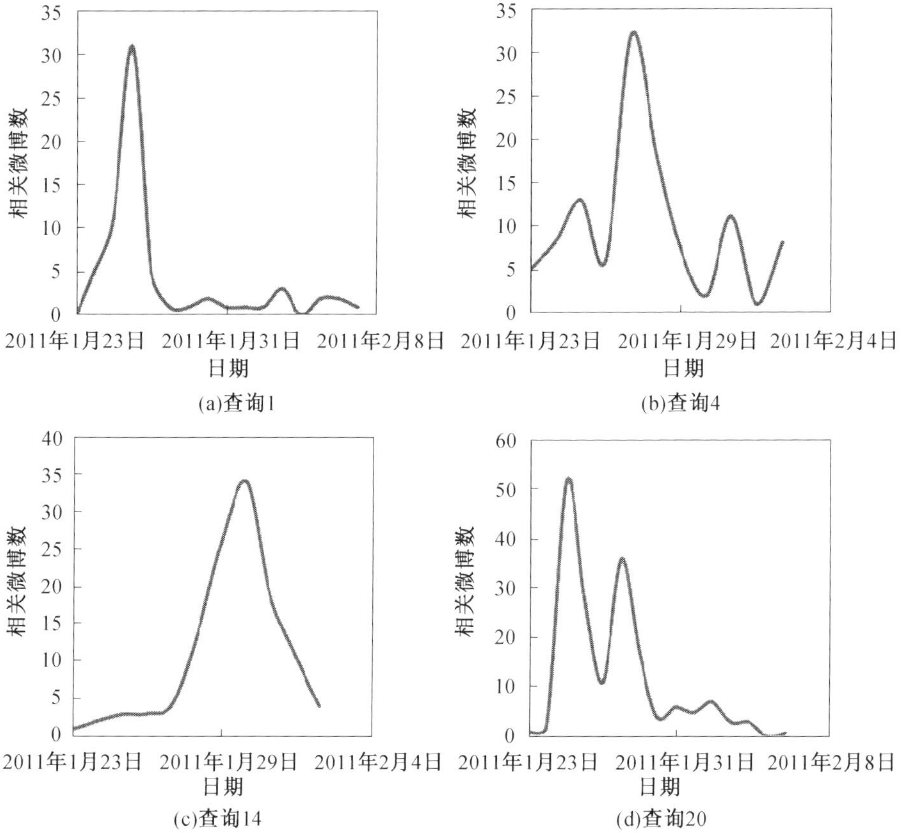

图 3－1　相关微博的时间爆发性

观察图 3－1 可以发现，对于一个查询而言，大多数的相关微博集中在一个或几个时间片段内发布，本节将这种现象称为相关微博的时间爆发性，将相关微博集中发布的时间片段称为爆发期。时间爆发性是相关微博整体在时间上呈现的性质。显然，爆发期内的相关微博数量上远大于在非爆发期内的微博数量。因此与该查询相关词在该查询爆发期内出现的概率会明显高于在非爆发期内出现的概率。

3.2.2　相关微博的时间近邻性

下面分析时间近邻性。图 3－2 对图 3－1 所示的 4 个查询的相关微博的发布时间间隔进行了统计，其中，x 轴以天为单位，y 轴对应了时间间隔等于 x 天的相关微博的数目。例如，图 3－2(a) 查询 1 中圆圈标注的点(1,275) 表示相关微博之间的时间间隔是 1 d 的数目为 275 对。

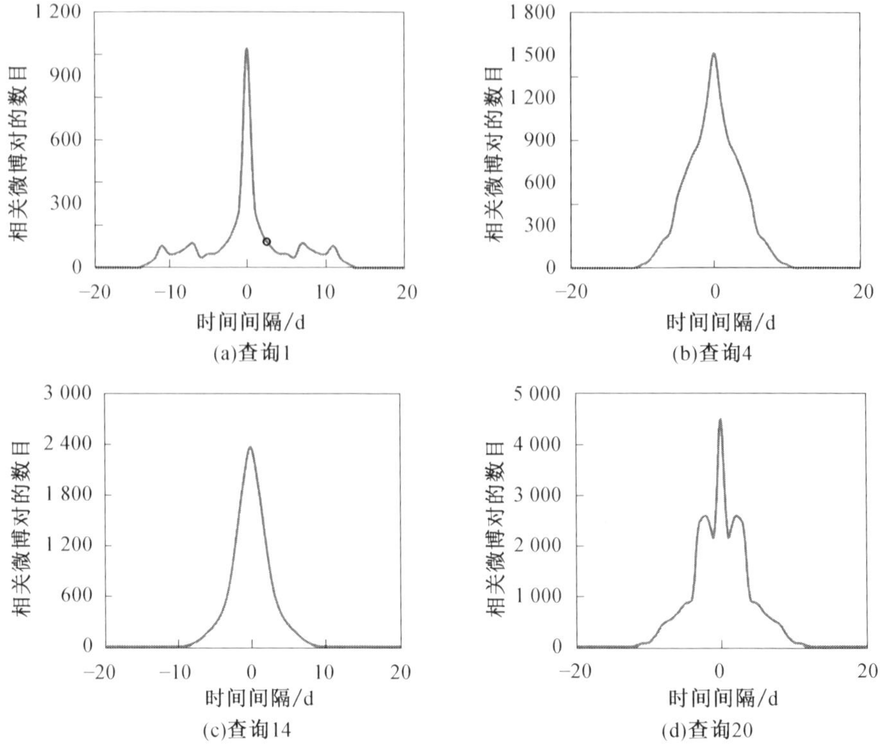

图 3－2　相关微博的时间近邻性

时间近邻性是从微博个体角度观察到的时间性质。从图 3－2 中可以看出，一条与查询相关的微博的附近存在较多该查询的其他相关微博，相关微博间的时间距离往往很短，一般集中在几天，即绝大部分相关微博在时间上是邻近的。本节将这种现象称为相关微博的时间近邻性(Time Neighborhood)。时间近邻性意味着给定一条微博，与该微博查询相关的词在其邻近的时间段内的概率会高于在与它较远的时间段内的概率。

表 3－1 展示了时间爆发性和近邻性在 TREC 给出的 9 251 条相关微博上的统计结果。表中每行的行标题所示的百分比为相关微博数目占全部相关微博数目的百分比，每列的标题为相关微博集中发布的天数。例如，表中第 3 行第 4 列的数字 89 表示有 89 个查询在爆发期最高的 3 天内的相关微博数量超过了相关微博总数目的 40%。第 3 行第 9 列的 104 表示有 104 个查询，相关微博之间的时间间隔小于 3 天的数量占总数量的 30% 以上。

表 3－1　TREC 微博检索评测数据的时间特性统计

	时间爆发性统计						时间近邻性统计					
	>10%	>20%	>30%	>40%	>50%	>80%	>10%	>20%	>30%	>40%	>50%	>80%
1 天以内	106	78	56	37	27	11	103	61	41	33	22	10
2 天以内	109	106	85	66	49	25	105	105	71	51	40	20
3 天以内	109	109	105	**89**	71	32	105	105	**104**	70	51	26
4 天以内	109	109	109	103	89	40	106	106	106	106	98	33

从表 3－1 中可以看出，时间爆发性和近邻性在微博检索中并非偶然现象，大部分相关微博都具有这两种性质。

为了进一步考察时间特性，本节对查询的时间特性进行了人工标注。将相关微博在时间上分布的图像展示给 5 个标注员。如果标注员认为检索结果明显集中在一个或者多个时间段内，则标记为具有时间特性或不具有时间特性。5 个标注员分别对 109 个查询进行了标注。通过对 5 组标注结果的统计显示，标注结果完全一致的查询数目为 88，标注为具有时间特性的查询数目为 69，不具有时间特性的查询数目为 19。接着，对每个查询的相关微博分别计算均值及方差。细节上，以天为单位，统计每天发布的相关微博数量，以每一天中相关微博数目与该查询全部相关微博的比值来表示这个相关微博的时间分布。进而，根据相关微博的时间分布，应用统计指标“均值”和“方差”来计算每个查询的相关微博的时间分布的变化差异性。统计结果见表 3－2。

表3－2　TREC微博评测数据的相关微博的时间分布的统计信息

	均值	方差
具有时间特性的查询	0.092	0.015
不具有时间特性的查询	0.106	0.006

通常情况下，如果一个分布的波动较大，那么其方差便会较大。对于一个查询的相关微博而言，如果相关微博在时间上分布的方差越接近于0，则该查询的相关微博的时间分布越趋向于均匀分布。也就是说，该查询对应的相关微博在时间上的分布不随时间而变化。反之，如果相关微博在时间上的分布的方差越大，则表明在不同时段上，相关微博的数目差异较大。从表3－2中可以看出，具有时间特性和不具有时间特性查询的相关微博在时间分布概率的均值上比较接近，但具有时间特性的查询明显具有较大的方差。这个方差表示相关微博数量在时间上的波动幅度较大，时间特性明显。

上述观察到的现象可以总结如下：大部分相关微博集中在较短的时间内发布，即相关微博在不同时刻出现的概率是不同的，体现为相关微博的时间爆发性。这意味着，在一条微博的爆发期内，与该微博相关的词出现的概率比较高。

彼此相关的微博在发布时间上比较接近，这体现为相关微博的时间近邻性。这意味着，在一条微博的时间近邻的微博中，与该微博相关的词出现的概率比较高。

上述统计数据说明对于一条微博，与它相关的微博具有较强的时间特性。然而，在传统的文档扩展方法中，只关注了内容相关的特性，这种相关微博的时间特性并没有得到关注。

3.3　基于时间的微博文档模型的构建

根据3.2节的分析可以看出，相关的微博在时间上具有两个特点：爆发性和近邻性。时间爆发性从整体上展现了相关微博在时间上的分布特点，时间近邻性则展现了文档个体之间在时间上的关系。这意味着，相关微博出现在爆发期内的概率要高于在非爆发期内的概率，同时，在一条微博发布时间附近发布的微博是当前微博的相关微博的概率也高于其他时间上发布的微博是相关微博的概率。因此，本节尝试利用相关微博的时间特性实现文档扩展，通过词在爆发期内微博和近邻微博上的分布扩展文档，进而估计更准确的文档模型。

本节首先介绍文档语言模型，然后提出基于时间的微博文档模型，最后给出基于时间爆发性的文档语言模型的估计和基于时间近邻性的文档语言模型的估计。

3.3.1 文档语言模型框架

在信息检索的语言模型框架下，通常根据查询在文档语言模型上的似然来排序文档，即查询 Q 和文档 d 的相关度用查询生成文档的概率 $P(d \mid Q)$ 估计。在 $P(d \mid Q)$ 上使用贝叶斯法则，根据词的独立性假设并略去对文档排序不造成影响的因素，$P(d \mid Q)$ 的估计如下：

$$P(d \mid Q) \propto P(Q \mid d)P(d) = P(d)P(q_1, q_2, \cdots, q_n \mid \theta_d) = P(d)\prod_{i=1}^{n} P(q_i \mid \theta_d) \tag{3-1}$$

式中，d 为文档；Q 为查询；q_i 为查询 Q 的第 i 个查询词；θ_d 为 d 的文档语言模型；n 为查询词的个数。这一检索模型被称为查询似然模型（Query Likelihood Model）。

查询似然模型的基本任务是估计一个文档模型。Zhai 和 Lafferty 指出，准确地估计文档模型对提高信息检索的性能十分重要。在查询似然模型中，文档模型 $P(w \mid \theta_d)$ 的估计一般采用最大似然的方法，并应用全局集合的信息来平滑文档。这些方法通常应用最大似然估计的模型和使用全局集合的语言模型的线性插值来估计文档模型，例如使用 JM（Jelinek－Mercer）平滑方法：

$$P(w \mid \theta_d) = (1-\lambda)P_{\mathrm{ml}}(w \mid d) + \lambda P_{\mathrm{ml}}(w \mid C) \tag{3-2}$$

式中，$P_{\mathrm{ml}}(w \mid d)$ 为模型的最大似然估计；C 为整个文档集合；$P_{\mathrm{ml}}(w \mid C)$ 为集合的语言模型；λ 用来控制每个模型的影响。平滑方法利用词在整个文档集合的分布信息来解决数据稀疏问题，$P_{\mathrm{ml}}(w \mid d)$、$P_{\mathrm{ml}}(w \mid C)$ 分别代表应用最大似然估计的 w 在 d 和 C 中的概率，即

$$P_{\mathrm{ml}}(w \mid d) = \frac{\mathrm{count}(w,d)}{\mid d \mid}, P_{\mathrm{ml}}(w \mid C) = \frac{\mathrm{count}(w,C)}{\mid C \mid} \tag{3-3}$$

式中，$\mid d \mid$ 和 $\mid C \mid$ 分别为文档和文档集合所包含的词项的数目；$\mathrm{count}(w,d)$ 和 $\mathrm{count}(w,C)$ 分别为 w 在文档 d 及文档集合 C 中出现的次数。

在微博检索中，检索对象为微博，微博 d 很短，对于大部分微博，公式(3－3)中 $\mathrm{count}(w,d)$ 要么是 0，要么是 1。这使得文档语言模型的估计主要依赖于词是否在文档上出现，这给文档语言模型的估计带来了极大的偶然性，甚至变得不再可靠。另外，对于文档集合 C，C 独立于文档 d，无法提供与 d 相关的信息。为此，通常对公式(3－2)的前一项加以扩展，通过为与 d 密切相关文档建立的扩展的文档模型估计更准确的 d 的文档模型。其一般形式为

$$P(w \mid \theta_d) = (1-\lambda)[(1-\delta)P_{\mathrm{ml}}(w \mid d) + \delta P(w \mid \theta_d^e)] + \lambda P_{\mathrm{ml}}(w \mid C) \tag{3-4}$$

式中，θ_d^e 为文档扩展模型。本章研究将在公式(3－4)提出的框架下开展，重点关注的是如何利用时间特性来建立文档扩展模型。

在语言模型框架下，相关研究通过估计 θ_d^e 来获得更准确的文档模型 θ_d。在各种对 θ_d^e 的不同估计方法中，基于内容的文档扩展是估计 θ_d^e 的主要方法。在基于内容的文档扩展方法中，应用与待扩展的文档相似的文档集合估计 θ_d^e 是常用的方法。这些相似文档可能来自文档的内容近邻、文档集上聚类或由主题模型构建的主题等。然而在微博环境下，过短的微博导致相似性计算的不准确性，使这些方法受到了显著的影响。为获得更准确的文档扩展模型 θ_d^e 的估计，避免基于内容的方法在微博文档扩展中受到短文本的限制，本节尝试利用时间特性估计 θ_d^e。

3.3.2　基于时间的文档扩展模型

3.2 节的分析说明，给定一条微博 d，与之相关的微博主要集中在爆发期或其临近的时间上。本节尝试利用相关微博的这些时间特性来重估文档模型。设利用时间爆发性获得的文档扩展模型为 θ_{t-b}^d，利用时间近邻性获得的文档扩展模型为 θ_{t-n}^d，基于 θ_{t-b}^d 和 θ_{t-n}^d，定义基于时间的文档扩展模型 θ_d^e 为

$$P(w \mid \theta_d^e) = \eta P(w \mid \theta_{t-b}^d) + (1-\eta) P(w \mid \theta_{t-n}^d) \tag{3-5}$$

式中，η 用于控制基于时间爆发性的文档扩展与基于时间近邻性的文档扩展对最终文档扩展模型的影响程度；θ_{t-b}^d 和 θ_{t-n}^d 分别使用爆发期内的微博或时间近邻微博的语言模型 θ_t 来估计，其一般形式为

$$P(w \mid \theta_t^d) = \frac{1}{z}\int_t \gamma(t,d) \times P(w \mid \theta_t)\mathrm{d}t \tag{3-6}$$

式中，θ_t 为 t 时刻发布的微博的语言模型；$\gamma(t,d)$ 为 θ_t 对 d 的近邻语言模型估计的影响程度；$z=\sum_w\int_t\gamma(t,d)\times P(w\mid\theta_t)\mathrm{d}t$，用以保证 $\sum_w P(w\mid\theta_t^d)=1$。

直接使用每个时刻发布的微博的语言模型 θ_t 估计 $P(w\mid\theta_t^d)$ 存在两个问题：一是每个时刻上发布的微博数量较少，据此建立的语言模型不够精确；二是计算成本太高。为了解决这两个问题，本节提出使用时间片段上的语言模型对 $P(w\mid\theta_t^e)$ 做近似估计。设微博集合为 C，将 C 中的微博按照发布时间划分为若干个微博子集 C_t，将 C_t 内全体微博建立的语言模型标记为 θ_t^s，利用时间片段上的语言模型，公式(3－6)可以近似估计为

$$P(w\mid\theta_t^d)=\frac{1}{z}\sum_t\gamma(t,d)\times P(w\mid\theta_t^s) \tag{3－7}$$

式中，t 为一个时间片段，比如按固定时间间隔(例如1天)划分的时间段。在不引起歧义的情况下，本节随后部分的 t 均指时间片段。

从公式(3－7)中可以看出，$P(w\mid\theta_t^d)$ 在估计形式上利用了每个时间片段上的微博语言模型 θ_t^s，但通过 $\gamma(t,d)$ 可以决定哪些微博对 θ_t^d 的估计产生影响以及产生多大的影响。根据上述基于时间的文档扩展，应用公式(3－4)，则基于时间的微博文档模型可以估计为

$$P(w\mid\theta_d)=(1-\lambda)\{(1-\delta)P_{\mathrm{ml}}(w\mid d)+\delta[\eta P(w\mid\theta_{t-b}^d)+(1-\eta)P(w\mid\theta_{t-n}^d)]\}+\lambda P(w\mid C) \tag{3－8}$$

式中，θ_{t-b}^d 和 θ_{t-n}^d 分别为使用爆发期内的微博或时间近邻微博的语言模型 θ_t 来估计。

3.3.3 基于时间爆发性的文档扩展

时间爆发性表明，处在爆发期的微博使相关微博的概率更大，因此，应该给予处在爆发期的微博更高的权重。在公式(3－7)中，可以通过 $\gamma(t,d)$ 使爆发期内的微博在文档扩展中占有更重要的地位。

本节从概率的角度估计 $\gamma(t,d)$，定义 $\gamma(t,d)=P(t\mid d)$。给定一条微博，$P(t\mid d)$ 表示每个时间段 t 对 d 的重要程度，描述了人们在不同时间段使用文档 d 中的词的频繁程度，反映了 d 的内容在不同时间段的热门程度。直接估计文档的时间分布 $P(t\mid d)$ 比较困难，根据贝叶斯定理

$$\gamma(t,d)=P(t\mid d)=\frac{P(d\mid t)P(t)}{P(d)} \tag{3－9}$$

假定时间段相互独立且每个时间段的先验概率 $P(t_i)$ 相同，由全概率公式有

$$P(d)=\sum_{t_i\in T}P(d\mid t_i)P(t_i)=P(t)\sum_{t_i\in T}P(d\mid t_i) \tag{3-10}$$

显然

$$P(t\mid d)=\frac{P(d\mid t)}{\sum_{t_i\in T}P(d\mid t_i)} \tag{3-11}$$

通过公式(3－11)，估计 $P(t\mid d)$ 被转化为估计 $P(d\mid t)$。$P(d\mid t)$ 表示从时间段 t 内发布的微博所含的全部词的集合中生成 d 的概率。$P(d\mid t)$ 越大，表示在时间段 t 上 d 中的词被使用得越频繁。换言之，$P(d\mid t)$ 度量了 d 的内容在某一时间 t 内的热门程度，即时间段 t 上 d 的词被使用的条件概率，可以应用这段时间内发布的全体微博的语言模型 θ_t^s 来度量。设文档中的词彼此独立，采用最大似然估计的语言模型，$P(d\mid t)$ 可以表示为

$$P(d\mid t)=P(d\mid\theta_t^s)=\prod_{w\subset d}P(w\mid\theta_t^s)^{c(w,d)} \tag{3-12}$$

式中，$c(w,d)$ 为 w 在文档中出现的次数。将公式(3－10)～(3－12)代入公式(3－7)，则基于时间爆发性的文档扩展模型可以估计为

$$\begin{aligned}P(w\mid\theta_{t-b}^d)&=\frac{1}{z'}\sum_t P(t\mid d)\times P(w\mid\theta_t^s)=\frac{1}{z'}\sum_t P(d\mid\theta_t^s)\times P(w\mid\theta_t^s)\\&=\frac{1}{z'}\sum_t P(w\mid\theta_t^s)\times\prod_{w'\subset d}P(w'\mid\theta_t^s)^{c(w',d)}\end{aligned} \tag{3-13}$$

式中，z' 为归一化因子，保证 $\sum_w P(w\mid\theta_{t-b}^d)=1$。

从公式(3－13)中可以看出，基于时间爆发性的文档扩展模型本质上利用的是扩展词 w 和待扩展文档 d 在每个时间段上共现的概率 $P(w\mid\theta_t^s)$ 和 $P(d\mid\theta_t^s)$，那些在爆发期的时间片段上使用较多的词将会对文档模型的估计产生较大的影响。

算法 3－1　基于时间爆发性的文档扩展

Input：文档 d，微博集合 C，时间片段 i，i 时间分段上的语言模型 S[i]{⟨w，P(w$_i$)⟩}，i 时间分段语言模型权重 weight[i]

Output：文档扩展词及其相应权重的集合 setQE

Initialization：setQE ← {} S[i] ← {} weight[i] = 0

1：S[] ← divide C by T segment

续算法3—1

```
Input:文档d,微博集合C,时间片段i,i时间分段上的语言模型 S[i]{〈w,P(w_i)〉},i时
间分段语言模型权重 weight[i]
Output:文档扩展词及其相应权重的集合 setQE
Initialization:setQE ← {} S[i] ← {} weight[i] = 0
setQE ← {< w,0 >| word in S[i]}
for (S[i] in S)
    for (w_i in d)
        weight[i] ← weight[i] * P(w_i | S[i])
    end for
end for
for (S[i] in S)
    for (w_i in S[i])
        setQE{} ← {w,P(w_i) + P(w_i | S[i]) * weight[i]}
    end for
end for
normalize P(w_i) of setQE
return setQE
```

3.3.4 基于时间近邻性的文档扩展

时间近邻性意味着一条相关微博发布时间的周围聚集着较多的相关微博，应该给予文档 d 邻近的时间段更高的权重。由图 3－2 可以看出，一条微博周围的相关微博数量与时间之间呈现出一种近似的正态分布关系，据此将 $\gamma(t,d)$ 定义为

$$\gamma(t,d)=\frac{1}{\sqrt{2\pi}}e^{-\frac{(t_d-t)^2}{2}} \qquad (3-14)$$

式中，t_d 为 d 的发布时间。

由公式(3－14)，则 $P(w \mid \theta_{t-n}^{d})$ 可以估计为

$$P(w \mid \theta_{t-n}^{d})=\frac{1}{z}\sum_{t}\frac{1}{\sqrt{2\pi}}e^{-\frac{(t_d-t_i)^2}{2}}P(w \mid \theta_t^s) \qquad (3-15)$$

公式(3－15) 利用了时间的近邻性，离微博 d 的发布时间越近的时间段的

语言模型在估计文档模型时将具有更高的权重。这意味着，θ_t^d 主要受到与文档 d 邻近的时间片段语言模型的影响。

算法 3－2　基于时间近邻性的文档扩展

Input：文档 d，微博集合 C，时间片段 i，i 时间分段上的语言模型 S[i]{⟨w，P(w_i)⟩}，t_d 文档时间，时间片段 i 对应时间 t_i

Output：文档扩展词及其相应权重的集合 setQE

Initialization：setQE ← {} S[i] ← {} weight[i] = 0

S[ ] ← divide C by T segment

setQE ← {⟨w，0⟩ | word in S[i]}

for (S[i] in S)

　　for (w_i in S[i])

$$\text{setQE}\{\} \leftarrow \{w, P(w_i) + P(w_i \mid S[i]) * \frac{1}{\sqrt{2\pi}} e^{-\frac{(t_d - t_i)^2}{2}}\}$$

　　end for

end for

normalize P(w_i) of setQE

return setQE

3.3.5　扩展词的选择

在传统的文档扩展中，词的概率为扩展词的选择提供了依据，扩展词一般选择前 n 个概率最高的词。然而，在本节的方法中，由于在同一时间段发布的微博既可能含有与 d 的相关微博，也可能含有与 d 的不相关微博，爆发期或近邻的时间段中的词很多是与待扩展文档无关的词，概率高的词未必就是与 d 相关的词。为最小化 d 的不相关微博所含词项对 d 的文档扩展模型的估计产生的不利影响，本节进一步提出了基于机器学习的扩展词选择方法，过滤与 d 话题无关的词，在文档扩展中选择与 d 相关的“好”的扩展词。本节描述训练数据的标注、基于机器学习的分类算法以及所使用的特征。

对于给定的一条微博，哪些扩展词可能是“好”扩展词？本节注意到大约有 20% 的微博包含 URL。这些 URL 的网页信息绝大部分是与微博内容相关的信息。研究表明，利用 URL 链接信息进行文档扩展有利于改善微博检索的性能。URL 链接的网页信息是对当前微博内容的补充和进一步说明，可视为当前微博的一个理想的扩展模型。基于此，本节选择含有 URL 的微博作为训练数据的来源。将微博 d 所包含 URL 的网页中出现的词 w_{URL} 标记为 d 的“好”的扩展词，构成一个正例样本($x_{w_{\mathrm{URL}},d}$,1)，将不出现在 URL 网页中的词 w_{n} 标记为 d 的“不好”的扩展词，构成一个反例样本($x_{w_{\mathrm{n}},d}$,0)，其中 $\boldsymbol{x}$ 为微博词 w 对应的特征向量。

基于上述训练用例，本节将扩展词的选择看作是一个分类问题，目标是学习一个分类器选择扩展词。

研究表明，逻辑回归(Logistic Regression，LR)模型是有效的分类模型。鉴于微博数量巨大，而逻辑回归模型的时间和空间复杂度都较低，本节使用该模型作为分类器。

逻辑回归函数可以表示为

$$H(w,d)=f_{v,b}(x_{w,d})=\frac{1}{1+\mathrm{e}^{-(\boldsymbol{v}^{\mathrm{T}}x_{w,d}+b)}} \tag{3-16}$$

式中，$\boldsymbol{v}$ 为特征向量 $\boldsymbol{x}$ 的权重；b 为偏移量；$H(w,d)$ 表示 w 是文档 d 的“好”的扩展词的概率。当 $H(w,d)>0.5$ 时，将 w 作为扩展词，否则过滤掉这个词。

将损失函数定义为

$$L(v,b)=-\frac{1}{n}\sum_{i=1}^{n}\mathrm{cost}[f_{v,b}(x_{w,d}^{(i)}),y^{(i)}] \tag{3-17}$$

其中在每个训练样本上的损失为

$$\mathrm{cost}[f_{v,b}(x_{w,d}),y]=-y\log[f_{v,b}(x_{w,d})]-(1-y)\log[1-f_{v,b}(x_{w,d})] \tag{3-18}$$

参数训练时，使用了随机梯度下降法来最小化损失函数 $L(v,b)$ 以估计参数 v 和 b。

对于每一个训练样例($x^{(i)}$,$y^{(i)}$)，v 和 b 将按照下列公式更新：

$$v=v+\alpha\times(1-\delta)\times[y^{(i)}-f_{v,b}(x_{w,d})]\times x^{(i)} \tag{3-19}$$

$$b=w+\alpha\times(1-\delta)\times[y^{(i)}-f_{v,b}(x_{w,d})]\times b \tag{3-20}$$

式中，α 为学习速率。

表 3－3 描述了分类器所用的特征。

表 3－3　分类特征

公式	说明
$P(w \mid \theta^s_{t_d})$	词在文档 d 发布时间段上的分布
$P(w \mid \theta^s_{t_{\text{max\_similarity\_}d}})$	$\theta^s_{t_{\text{max\_similarity\_}d}}$ 是与文档 d 的语言模型的 KL 距离最小的时间段上的语言模型，该特征为 w 在 $\theta^s_{t_{\text{max\_similarity\_}d}}$ 上的分布
$P(w \mid C)$	词在整个文档集上的分布
$P(w \mid d)$	词在文档 d 上的分布
RM(w in top－k terms)	词是否在以 d 为查询，应用相关模型做查询扩展的前 k 个扩展词中，k ＝ 10，20，30，50，100，200，500
IR(w in top－k documents)	词是否在以 d 为查询检索得到的前 k 篇微博中，k ＝ 10，20，30，50，100，200，500

3.4　基于时间特性的文档扩展模型的简化

对于高速持续的实时微博流，实时动态地建立聚类或计算内容近邻代价极其高昂。而离线计算的方式不能适应微博迅速变化的环境，因此很难在微博检索中获得实际应用。尽管本节提出的方法仅利用了时间片段上的语言模型的信息，计算量有所下降，但对于处理海量微博的检索系统，依然是较大的负担。为此，本节对所提出的模型加以简化，给出了时间文档模型的两个简化方法，降低了时间复杂度，以适应真实的微博检索环境。

3.4.1　基于时间爆发性的文档扩展的简化

为简化基于时间爆发性的文档扩展，本节提出不使用全部时间段上的语言模型 θ^s_t 来估计文档模型，而仅使用在爆发峰值的时间段上的语言模型来估计文档模型，标记为 $\text{TBDM}_{\text{simple}}$。基于此，公式(3－13)可以简化为

$$P(w \mid \theta^d_{t-b}) = P(w \mid \theta^s_{t=\underset{t}{\operatorname{argmax}}(\gamma(t,d))}) \qquad (3-21)$$

式中，$\theta^s_{t=\underset{t}{\operatorname{argmax}}(\gamma(t,d))}$ 为爆发峰值的时间段上的语言模型，即根据公式(3－9)计算 $\gamma(t,d)$ 的值，将 $\gamma(t,d)$ 最大的那个时间段 t 上的语言模型看作是 $\theta^s_{t=\underset{t}{\operatorname{argmax}}(\gamma(t,d))}$。

3.4.2 基于时间近邻性的文档扩展的简化

在基于时间近邻性的文档扩展中，利用了全部时间段上的语言模型来估计文档扩展模型，不同时间段上的语言模型的权重根据该时间段与当前待扩展微博的发布时间的距离计算。为减少文档模型估计中的计算量，本节提出，只利用当前微博发布时间所在的时间段上的语言模型来估计文档模型，标记为 $\mathrm{TNDM}_{\mathrm{simple}}$。基于此，公式(3－15)可以简化为

$$P(w \mid \theta_{t-n}^{d}) = P(w \mid \theta_{t=t_d}^{s}) \tag{3－22}$$

式中，$\theta_{t=t_d}^{s}$ 为当前微博所在的时间段上的语言模型。

3.5 实验与分析

3.5.1 实验设置

实验使用的是 Tweets 2011 数据集。数据集描述见 2.4.1 节。

评价指标采用 TREC 微博评测的评价指标 $P@30$，MAP 评价指标作为参考。

实验使用二折交叉校验法，TREC 2011 微博检索的 49 个查询和 TREC 2012 微博检索的 60 个查询交替作为训练数据和测试数据。

本节实验均使用 KL 距离来度量查询模型和文档模型之间的相关度，详情可以参考文献[19]。本节方法中，平滑参数 lambda 设置为 0.5(Indri 默认值)；参数 δ 参考文献[97]对文档模型的研究成果，采用狄利克雷分布，$\delta = \mu/(|d|+\mu)$，μ 的取值通过训练数据确定。实验中，以小时为时间单位分段。LR 的学习速率设置为 0.05。

3.5.2 基线方法

本节选择了三个典型的基线方法做对比：文档语言模型(Document Language Model，DLM)、相关文档模型(Relevance Document Model，RDM)和基于最新性的文档模型(Recency－Based Document Model，RBDM)。DLM 是传统的文档语言模型，RDM 是基于内容的文档扩展模型，RBDM 是在

文档语言模型的平滑项中引入时间性质的文档模型。下面详细描述这些基线方法。

① 文档语言模型(DLM)采用查询似然模型作为检索模型的检索结果。本节实验均使用查询似然模型作为检索模型,文档模型采用 JM 平滑,平滑参数 λ 设置为 Indri 的默认值 0.5。

② 相关文档模型(RDM)是一个基于内容扩展的文档模型,将一条微博视为一个主题,使用查询扩展中经典的相关模型来扩展文档。根据文献设置扩展文档与原始文档的线性加权系数为 0.5,反馈文档数和扩展词数均设为 50。

③ 基于最新性的文档模型(RBDM),使用微博的最新性来确定 JM 的平滑系数,使得新微博能够以更高的概率从原始文档获取信息。

3.5.3　实验结果及分析

为更清晰地对比爆发性和时间近邻以及各个参数对模型的影响,将本节提出的基于时间的文档模型记为 TDM_ML,简化的基于时间爆发性的文档扩展标记为 $TBDM_{simple}$,简化的基于时间近邻的文档扩展标记为 $TNDM_{simple}$。显著性检验采用 T 校验(pair T－test)。

1. 实验结果

表 3－4 展示了在 Tweets 2011 数据集上,本节方法与基线方法在评价指标 $P@30$ 和 MAP 上的值。表中,"#"表示显著优于 DLM($P<0.05$),"+"表示优于 RDM($P<0.05$),"$"表示优于 RDM($P<0.08$),"*"表示显著优于 RBDM($P<0.05$)。实验结果表明,无论是基线方法的文档扩展模型还是本节提出的基于时间的微博文档模型,与仅使用平滑的文档语言模型相比,其性能都有提升,本节基于时间的微博文档模型的检索性能优于基于内容的扩展文档模型。此外,两个简化的基于时间的文档模型的检索性能虽然较未简化模型有所下降,但仍与基线方法的性能相当。对比 $TNDM_{simple}$ 和 RDM 方法,其性能略好于 RDM 方法。但 RDM 扩展一篇文档需要计算这篇文档与其他文档的相关度,时间复杂度是 $O(n)$,而 $TNDM_{simple}$ 的时间复杂度只有 $O(1)$,具有明显的优势。此外,在实际应用中,只需将每个时间片段上的语言模型看作是一篇文档,将其信息添加到倒排索引中。相对海量微博,时间片段上的微博数量很少,不会对索引造成过大的负担,而且无须改动系统的存储结构,易于在现有微博

系统中部署实施。

表 3—4 实验结果

	Tweets 2011		Tweets 2012	
	P@30	MAP	*P*@30	MAP
DLM	0.413 6	0.382 4	0.335 0	0.233 1
RBDM	0.416 3	0.385 5	0.338 4	0.235 8
RDM	0.436 7	0.400 0	0.356 5	0.250 9
TDM_ML	0.452 4#+*	0.419 1#+*	0.380 2#$*	0.261 5#$*
$TBDM_{simple}$	0.442 2	0.390 1	0.368 9#	0.250 0
$TNDM_{simple}$	0.449 7#	0.400 3	0.369 0#	0.249 8

表3—5展示了TDM的扩展词举例。从例子中可以看出，微博使用了与查询词不相同的词语描述了相同的事件。TDM将相关的词正确地扩展进了文档中，使得该文档能够被检索出来，获得性能的提升。

表 3—5 *TDM* 的扩展词举例

原始微博	查询	扩展词
BBC online cuts shows' contempt' for hard working staff says NUJ (The Drum) http://muk. fm/11zu #medianews	BBC World Service staff cuts	world, servic(e), office, lose, broadcast million
briefing: China Set To Bid On Major U. S. Aerospace Programs: Chinese President Hu Jintao's high—profile vi Hu Jintao visit to the United States relat(ion), diplomat(ic), North, Chicago … http://tinyurl. com/ 4dqe2ab	Hu Jintao visit to the United States	relat (ion), diplomat (ic), North, Chicago
US Warns Drug Cartels to Stay In Mexico: Homeland Security Secretary Janet Napolitano answers questions, after d… http://bit. ly/hzk7vQ	Mexico drug war	texas, war, America
DTN Pakistan: Wife of Pakistani Man Shot by US Diplomat Commits Suicide: A Pakistani nurse and unidentified rela… http://bit. ly/gjQ6rn	Pakistan diplomat arrest murder	murder, arrest

2. 参数分析

如公式(3－8)所示，时间文档模型涉及的参数包括三个：用于控制基于时间爆发性和基于时间近邻性的文档扩展模型在估计文档扩展模型时各自所占的比重的参数 η；用于控制文档扩展模型权重的参数 δ；用于控制使用文档集合信息作为平滑项的权重参数 λ。此外，时间片段 s 的大小也是模型中的一个参数。本节将分析上述四个参数取值对本节所提出的模型的性能影响。

公式(3－8)对应文档模型标记为TDM。当 $\eta=1$ 时，TDM仅仅利用了时间爆发性，标记为TBDM(Temporal Burst－based Document Model)。当 $\eta=0$ 时，TDM仅仅利用了时间近邻性，标记为TNDM(Temporal Neighbor－based Document Model)。TDM_ML、TBDM_ML和TNDM_ML分别表示上述三个模型使用机器学习方法进行文档扩展词选择的结果。在对每个参数的分析中，其他三个参数的取值设定为模型在 $P@30$ 性能最高时的参数。

(1) 参数 η 的影响。

公式(3－8)中参数 η 决定了基于时间爆发性的文档扩展和基于时间近邻的文档扩展在文档扩展模型中所占的比例。表3－6展示了当 η 分别为1和0，即单独使用时间爆发性或时间近邻性估计文档时的实验结果。表中，ML表示应用机器学习方法进行扩展词选择的方法，“*”或“**”表示使用机器学习方法进行扩展词选择的文档模型相对于没有进行扩展词选择的文档模型的显著性，其中“**”表示 $P<0.001$，“*”表示 $P<0.1$。

表3－6 时间爆发性和时间近邻性的对比实验结果

	TREC 2011		TREC 2012	
	$P@30$	MAP	$P@30$	MAP
TBDM	0.443 5	0.401 3	0.363 3	0.253 5
TBDM_ML	0.451 0*	0.412 8**	0.371 8*	0.258 5**
TNDM	0.450 4	0.405 9	0.370 6	0.250 6
TNDM_ML	0.451 7	0.418 9**	0.381 4	0.261 4**
TDM	0.449 0	0.406 5	0.371 2	0.251 7
TDM_ML	0.452 4	0.419 1**	0.380 2	0.261 5**

从实验结果可以看出，基于时间近邻性的文档扩展模型的检索性能略高于基于时间爆发性的文档扩展模型。利用机器学习方法进行扩展词选择能够显著提升MAP值。图3－3进一步展示了参数 η 的取值对性能的影响。

图 3－3 中，灰色曲线表示单纯使用时间的文档扩展的性能，黑色曲线表示经过机器学习方法选择扩展词后的文档扩展的性能。η 的调节范围为从 0 到 1，以 0.1 为增幅。

从图 3－3 可以看出，对于灰色曲线，当 η 从 0 增加到 0.4 时，系统性能逐渐提高，在 $\eta=0.4$ 时，系统的 $P@30$ 值最高；之后随着 η 的增加，$P@30$ 呈现平稳下滑趋势。对于黑色曲线，当 η 从 0 增加到 0.2 时，系统性能逐渐提高，在 $\eta=0.2$ 时，系统的 $P@30$ 值最高；并且随着 η 的增加，$P@30$ 呈现平稳下滑趋势。

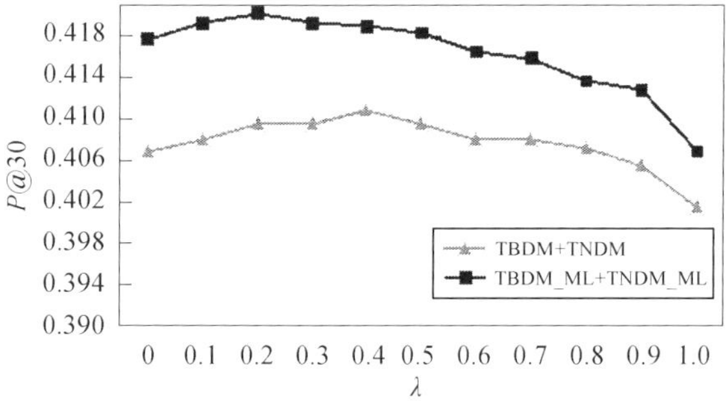

图 3－3　参数 η 对检索性能 $P@30$ 的影响

不论是进行扩展词选择的时间文档模型，还是不进行扩展词选择的时间文档模型，$\eta=0$ 时的检索性能均高于 $\eta=1$ 时的检索性能。即基于时间近邻的文档扩展模型的检索性能高于基于时间爆发期的文档扩展模型的检索性能。这是由于在基于时间爆发期的文档扩展模型中，每个时间段在文档扩展中的权重仍然依赖微博的内容相似获得，从而造成爆发期的估计不够准确，影响了检索的性能。

(2) 参数 δ 的影响。

参考 two－stage 语言模型的研究成果，δ 的取值采用狄利克雷分布，即 $\delta=\mu/(|d|+\mu)$。通过 μ 的取值来调整 δ。实验中，μ 的调节范围为从 0 到 1 000，以 100 为增幅，图 3－4 展示了检索性能 $P@30$ 随 μ 变化的曲线。

从图 3－4 中可以看出，当 $\mu=0$，即不用文档扩展时，检索性能较低。当 $\mu>0$，即使用基于时间的文档扩展时，检索性能开始大幅度提升。当 μ 逐渐增大时，检索性能变化幅度开始减小。相对而言，不使用扩展词选择的时间文档模型倾向于选择较小的 μ，而使用扩展词选择的时间文档模型更倾向于选择较大的 μ。μ 越大，表示文档扩展模型所起的作用越大。在这个角度上，进行扩展

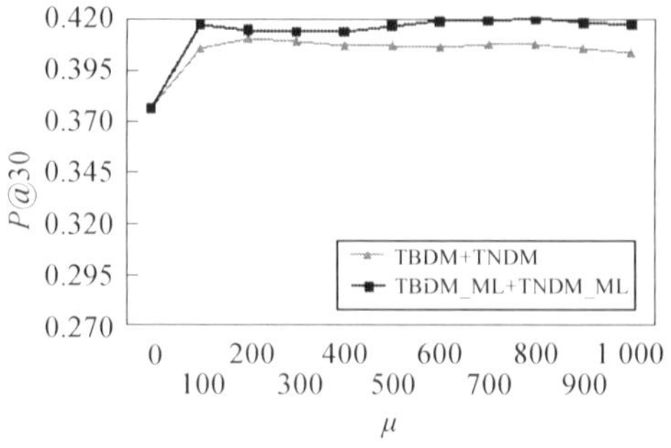

图 3－4　参数 μ 对检索性能 $P@30$ 的影响

词选择的时间文档扩展比不进行扩展词选择的时间文档扩展对文档模型的估计更准确。因此，在进行扩展词选择的时间文档扩展模型中，μ 可以取较大的值，以使基于时间的文档扩展模型在估计文档模型时占的比例更高，使时间文档模型的估计更准确，进而提升检索性能。

(3) 参数 λ。

参数 λ 控制了作为平滑项的整个文档集在文档模型中的作用，如图 3－5 所示。在图 3－5 中，当 $\lambda=1$ 时，文档模型仅包含整个文档集的平滑项，文档的排序已经没有意义，因此实验省略 1 的取值，将 λ 的取值范围设定为 0 ～ 0.9。

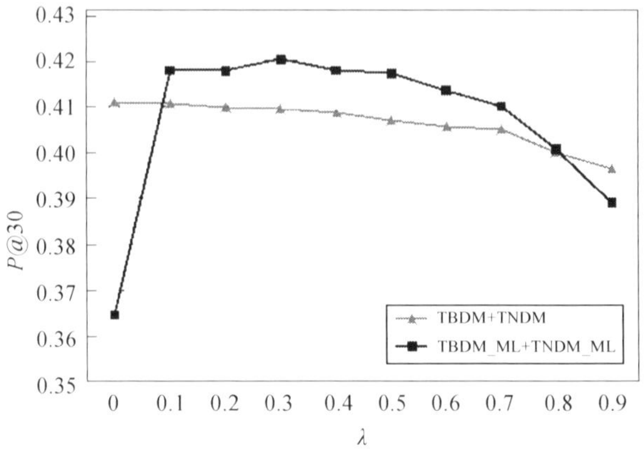

图 3－5　参数 λ 对检索性能 $P@30$ 的影响

从图 3－5 可以看出，当不进行扩展词选择时，随着 λ 的变化，$P@30$ 呈现下滑趋势，在 $\lambda=0$ 时，系统取得最高的 $P@30$ 值。这意味着，不进行扩展词选择的基于时间的文档模型并不需要来自全局数据集 C 的平滑项。这是由于当不对扩展词进行选择时，理论上所有的词都会被赋予一个概率，不存在零概率的问题，因此并不需要再做平滑处理。当进行文档扩展词的选择之后，λ 的变化对性能的影响与不进行文档扩展词的检索性能存在较大差异。进行扩展词选择之后，那些既不在文档扩展中的词也不在原始文档中的词，在模型中的概率仍然是 0。可见，不使用平滑时检索性能较差。因此，合理的平滑项权重有助于检索性能的提升。

图 3－6 和图 3－7 进一步考察了 TBDM 和 TNDM 对平滑项 λ 的敏感程度。图 3－6 和图 3－7 表明，对于仅使用基于爆发性的文档扩展的时间文档模型 TBDM 来说，当 λ 从 0 增加到 0.4 时，检索性能平稳增长；当 λ 从 0.4 增加到 1 时，检索性能开始下降。对于仅使用基于近邻性的文档扩展的时间文档模型 TNDM 来说，当 λ 从 0 增加到 1.0 时，检索性能始终呈下降趋势。而使用机器学习方法进行扩展词选择的模型在检索性能上均呈现先升后降的趋势。

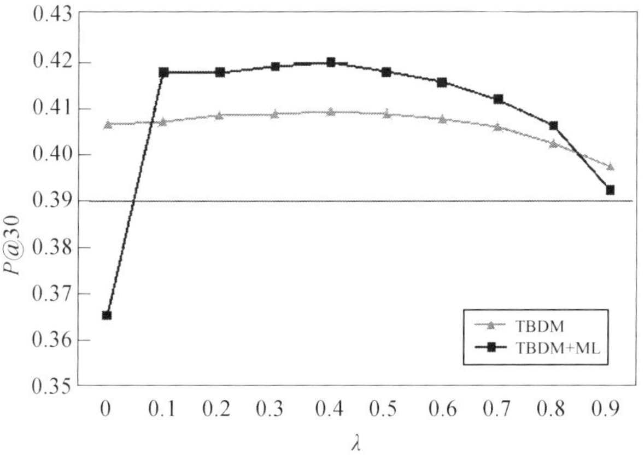

图 3－6　TBDM 中参数 λ 对检索性能 $P@30$ 的影响

这表明，基于时间近邻的文档模型不需要文档集合的信息作为平滑项。基于时间爆发期的文档扩展需要平滑项才能更好地发挥作用。而对于使用机器学习方法进行扩展词选择之后的文档扩展模型，无论是基于爆发期还是基于近邻的文档扩展均需要平滑项。这与图 3－5 的分析结果一致。

(4) 时间段大小的影响。

由于相关微博的时间分布并不符合一些常见的分布形式(如正态分布等)，很难构造出连续的概率密度函数来表示相关微博的时间分布。现有基于时间的查询扩展方法大多基于离散的时间片段展开研究，受时间和空间复杂性的限制，本节也采用了离散的时间片段。图 3－8 显示了时间段的大小对检索性能

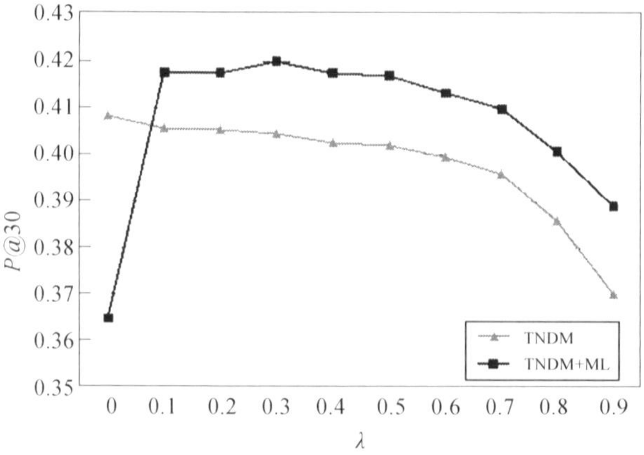

图 3－7　TNDM 中参数 λ 对检索性能 P@30 的影响

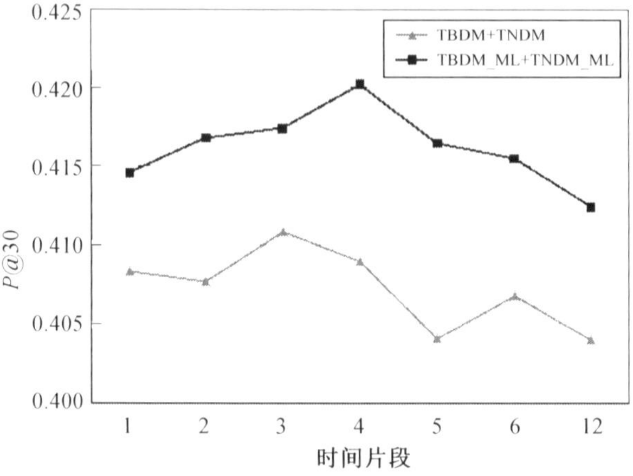

图 3－8　时间段大小对检索性能 P@30 的影响

的影响。从图 3－8 可以看出，当时间段大小从 1 h 增加到 4 h 时，检索性能逐渐提高，在时间片段大小为 4 时，检索结果的 P@30 的值最高。之后，随着时间片段变大，P@30 呈现平稳下滑趋势。由此可以发现，较小的时间片段会使得每个分段上微博数量较少，影响了时间片段内微博对微博扩展模型估计的准确度，但是较大的时间片段则会导致一个时间片段之内含有过多主题，弱化了时间的作用。

本章小结

微博作为一种典型的社会媒体，因其评论、转发、分享等特性，使得相关微博之间具有较为明显的时间特征。本章将相关微博之间的时间特性应用在文档模型的估计中，提出了面向微博检索的基于时间的文档模型，该模型利用相关微博的爆发性和近邻性的特点进行文档扩展，避免了传统的基于内容的文档扩展模型因微博短而估计不准确的问题。

本章分析了相关微博在时间上的爆发性和近邻性，并给出了基于时间爆发性的文档扩展和基于时间近邻性的文档扩展方法。进一步，利用机器学习方法对扩展词进行选择，完成文档扩展模型的估计，并利用文档扩展模型估计出了一个更准确的文档模型。最后，针对微博实时数据流的应用对时间复杂度的要求，对本章所提出的文档扩展方法进行了简化，以较小的性能损失代价换取系统开销的减少。

本章在 TREC 2011 和 TREC 2012 微博检索数据集上，对基于时间的文档模型进行了验证。实验结果显示，应用基于时间的文档模型的微博检索性能优于三个基线方法：经典文档语言模型、基于最新性的文档语言模型及基于相关模型的文档语言模型。

第4章　基于时间敏感的微博检索研究

4.1　概　述

前面章节探讨了利用时间特性改善查询模型和文档模型。本章致力于利用时间特性来改善文档与查询的相关度计算，从而提高微博的检索性能。根据相关度对查询结果排序是信息检索中的一个基本问题。当前主流的相关度计算方法是以语言模型为代表的基于生成模型的相关度计算，以及以排序学习为代表的基于判别模型的相关度计算。

对于微博检索，文档与查询的相关性体现在两个方面：内容相关和时间相关。在传统的信息检索中，文档的时间特性并不显著，与时间相关的研究主要集中在新闻检索中。但在微博检索中，相关微博呈现出较强的时间特性（如爆发性）。因此，在相关度排序时，利用查询与微博的基于内容相关度的同时，不能忽视时间特性在排序中的作用。因此时间信息受到了研究者的重视。

研究者注意到，在度量查询和文档相关度时，引入时间特性有助于缓解微博和因查询的内容短而为微博检索带来的问题，获得性能上的提升。他们分别在语言模型框架和排序学习算法下，将时间特性引入查询和文档的相关度计算中。此外，近期也有学者尝试将时间信息和内容信息结合在一起融合到神经排序模型中。

在语言模型中引入时间特性的研究主要通过调整语言模型中文档的先验概率来实现。例如，基于微博的最新性的检索模型，给予发布时间较“新”的文档更高的文档先验概率；关注微博时间爆发性的检索模型，给予爆发期的文档更高的权重。这些研究获得了一定的性能提升，但由于语言模型难以融合较多特征，限制了这些方法性能的提升幅度。

在排序学习算法下，引入时间的方式是将时间特性作为特征使用，并没有根据时间特性调整排序学习算法，性能的提升也并不显著。应用排序学习算法主要有两方面的优势：一方面，排序模型可以融合更多特征，从而使相关度的计算可以考虑文档与查询之间多方面的相关度；更重要的一方面，排序学习算法允许根据具体应用下数据的特点定义相应的损失函数，使学习到的排序模型更符合真实的应用场景。因此，仅在排序模型中引入时间特征不足以充分利用排序学习算法在信息检索中的优势，还需要针对具体问题设计相应的排序学习算法，定义符合数据特点的损失函数，才能充分发挥排序学习算法在信息检索中的价值。

本章根据相关微博的时间特性，提出了时间敏感的相关度计算方法。首先探讨了语言模型框架下融合时间的相关度计算，然后提出了时间敏感的排序学习算法。具体而言，在提出了基于逻辑回归的排序学习算法 RankLR 的基础之上，定义了时间敏感损失函数。以排序结果更符合相关微博在时间上的分布特点为目标，提出了时间敏感的排序学习算法（TimeRankLR），使检索结果在考虑内容相似的同时，也充分考虑微博的时间特点。

本章的方法在 TREC 2011 和 TREC 2012 微博检索数据集上进行了实验。RankLR 在 2012 年的 TREC 评测中，获得了不使用外部数据的最好结果。时间敏感的 TimeRankLR 获得了性能上的进一步提升，优于多个先进的基线方法。

本章的余下部分组织如下：4.2 节讨论了语言模型框架下融合时间的相关度计算；4.3 节在给出基于逻辑回归的排序学习算法基础上，定义了时间敏感损失函数及排序特征；4.4 节给出了实验结果及其分析；最后对本章工作进行了总结。

4.2 语言模型框架下融合时间的相关度计算

本节以语言模型框架为基础，分别在查询似然模型和 KL 距离检索模型下探讨如何将时间特性引入微博与查询的相关度计算中，提出了三种融入时间特性的相关度计算方法：基于查询时间分布的相关度计算、基于微博时间影响力的相关度计算以及基于查询时间分布和文档时间分布的相关度计算。

4.2.1 查询似然语言模型中融合时间相关度计算

在查询似然语言模型框架下，对于一个给定的查询 q 和一个文档 d，依据查询产生文档的概率 $P(d \mid q)$ 排序文档，由贝叶斯定理有

$$P(d \mid q) = \frac{P(d,q)}{P(q)} \tag{4-1}$$

这里，$P(q)$ 与文档 d 无关，$P(d,q) = P(q \mid d)P(d)$，假设词与词之间是相互独立的，则

$$P(d \mid q) \propto P(q \mid d)P(d) \tag{4-2}$$

根据公式(4－2)所示的查询似然模型对文档排序，一个文档生成查询的概率与文档的先验概率的乘积越高，则这个文档与查询越相关。但是，在传统研究中，通常将 $P(d)$ 的概率看作是均一值，可在排序中忽略。文档的排序将仅取决于文档生成查询的概率，即排序依赖于文档与查询的内容相关度。

在微博环境下，时间特性为估计 $P(d)$ 提供了信息。下面从查询的时间分布和相关文档间的时间影响两个角度重估文档先验概率 $P(d)$，并结合内容相关给出估计文档排序的方法。

1. 融合查询时间分布的融合相关度计算

直观上，如果一个时间段 t_i 上包含的与查询 q 相关的微博较多，那么这个时间段对于查询而言更重要一些。以往研究遵循这一思路，利用检索结果的前 n 篇文档来估计相关微博的时间分布。但是，由于微博检索中的短文本问题，使得(伪)相关文档的估计并不准确，为这种基于局部采样的方法带来了不利影响。因此，本节提出一种无须采样的估计查询时间分布的方法，并据此估计文档的先验概率。

如果一个查询词越频繁地出现在某个(些)时间段内，则这个时间段内的微博讨论该查询主题的可能性越大，这个时间段内的微博是查询的相关微博的可能性越大。因此，可以应用查询的时间分布 $P(t \mid q)$ 来估计 q 所包含的查询词在不同时间段的热门程度，从而估计查询词被集中讨论的时间段的概率。设文档 d 的发布时间所在的时间段为 t_d，则 $P(t_d \mid q)$ 的含义可以理解为相关文档在时间段 t_d 发布的概率。将 $P(t_d \mid q)$ 作为文档 d 的先验概率，则公式(4－2)可以表示为

$$P(d \mid q) \propto P(q \mid d)P(t_d \mid q) \tag{4-3}$$

从公式(4－3)可以看出，查询 q 与文档 d 的相关度取决于两个方面：一是 q 和 d 的内容相关性；二是 q 和 d 的时间相关性。$P(t_d \mid q)$ 的值应用查询的时间分布估计。

查询的时间分布是指，对于一个给定的查询 q，不同时间段 t_i 对于 q 的重要程度用 $P(t_i \mid q)$ 表示。根据第 2 章的研究，$P(t_i \mid q)$ 可以估计为

$$P(d) = P(t_i \mid q) = \frac{P(q \mid t_i)}{\sum_{t_j \in T} P(q \mid t_j)} \tag{4-4}$$

利用公式(4－4)，估计 $P(t_i \mid q)$ 被转化为估计 $P(q \mid t_i)$。$P(q \mid t_i)$ 表示时间段 t_i 内发布的微博包含的全部词的集合生成文本 q 的概率。$P(q \mid t_i)$ 越大，则在时间段 t_i 上文本 q 被使用得越频繁。换言之，$P(q \mid t_i)$ 度量了 q 在某一时间段 t_i 内的热门程度，即在时间段 t_i 上 q 被使用的概率可以应用这段时间内发布的全体微博的语言模型来度量。将每个时间段内全体微博建立的语言模型用 θ_{t_i} 表示，应用最大似然估计的一元语言模型，则 $P(q \mid t_i)$ 可以估计为

$$P(q \mid t_i) = P(q \mid \theta_{t_i}) = \prod_{q_k \subset q} P(q_k \mid \theta_{t_i}) \tag{4-5}$$

式中，q_k 为 q 中第 k 个词。

根据公式(4－4)和公式(4－5)，查询的时间分布估计为

$$P(t_i \mid q) = \frac{P(q \mid \theta_{t_i})}{\sum_{t_j \in T} P(q \mid \theta_{t_j})} = \frac{\prod_{q_k} P(q_k \mid \theta_{t_i})}{\sum_{t_j \in T} \prod_{q_k} P(q_k \mid \theta_{t_j})} \tag{4-6}$$

将公式(4－6)代入公式(4－3)，有

$$\begin{aligned} P(d \mid q) \propto P(q \mid d)P(t_d \mid q) &= P(q \mid d) \frac{\prod_{q_k} P(q_k \mid \theta_{t_d})}{\sum_{t_j \in T} \prod_{q_k} P(q_k \mid \theta_{t_j})} \\ &= \prod_{q_k \subset q} P(q_k \mid d) \frac{\prod_{q_k} P(q_k \mid \theta_{t_d})}{\sum_{t_j \in T} \prod_{q_k} P(q_k \mid \theta_{t_j})} \end{aligned} \tag{4-7}$$

对于文档 d，由于 $\sum_{t_j \in T} \prod_{q_k} P(q_k \mid \theta_{t_j})$ 与文档的发布时间无关，因此在排序中

将其忽略，则最终融合查询时间分布的微博与查询的相关度可以表示为

$$P(d \mid q) \propto \prod_{q_k}[P(q_k \mid d)P(q_k \mid \theta_{t_d})] = P(q \mid d)P(q \mid \theta_{t_d}) \quad (4-8)$$

从公式(4－8)可以看出，查询和文档的相关度是由文档 d 的内容生成查询 q 的概率以及文档所在的时间段 t_d 相应的语言模型 θ_{t_d} 生成查询 q 的概率共同决定的。其对应的现实意义在于：一个文档生成查询的概率较高，意味着文档与查询相关的可能性较大；同时，文档所在的时间段上的分段语言模型生成的查询概率较高，意味着在文档发布的那一段时间内查询词被使用得越频繁，这个文档是相关文档的概率也会更高一些。

2. 融合微博时间影响力的相关度计算

第 3 章的研究表明，相关微博在时间上的分布是不均匀的，往往集中在某个时间段或几个时间段内发布，具有近邻性(如 3.2 节的分析所示)。

相关微博之间呈现近邻性的原因在于微博快速分享信息的特点。由于微博好友的关注及转发的特性，当一条微博发布时，由于粉丝的评论、转发、微博推荐、随机浏览等用户行为，这条微博可能会引发更多的相关微博。相关微博在时间上呈现近邻性是这种影响的外在表现。本质上，相关微博之间存在一种潜在的相互影响，且影响的大小是随着时间逐渐衰减的。也就是说，一条相关微博可能会在较短的时间内潜在地引发更多的相关微博发布，从而表现出相关微博在时间上近邻的特点。本节将一条微博对其他微博的影响称为微博时间影响力，该影响力随时间衰减。

实际上，在时间维度上，一条微博将会受到多条相关微博的影响，该微博受全部相关微博的影响可以通过相关微博时间影响力的累加来估计：

$$P(d) = \frac{1}{|R|}\sum_{d_r \in R}\text{Influence}(d_r, d) \quad (4-9)$$

式中，R 为相关微博的集合；d_r 为相关微博集合 R 中的一条相关微博；$\text{Influence}(d_r, d)$ 表示 d_r 对微博 d 可能产生的时间影响力。本节假设时间影响力随时间的衰减符合指数分布，即

$$\text{Influence}(d_r, d) = e^{-\lambda|t_{d_r} - t_d|} \quad (4-10)$$

式中，t_{d_r} 和 t_d 分别为相关微博 d_r 和微博 d 的发布时间，相关文档参考伪相关反馈的思想，将检索结果的前 n 篇文档视为相关文档。公式(4－10)表示一条相关微博对其他微博的影响随时间距离的增加而递减，即如果

$|t_{d_i}-t_d|>|t_{d_j}-t_d|$，则 d_i 对 d 的影响大于 d_j 对 d 的影响，即 $\text{Influence}(d_i, d)>\text{Influence}(d_j, d)$。

将公式(4－9)和公式(4－10)代入公式(4－2)，有

$$P(d \mid q) \propto P(q \mid d) \times \frac{1}{|R|} \sum_{r \in R} \text{Influence}(d_r, d) \qquad (4-11)$$

本节将公式(4－11)估计的查询与文档的相关度称为融合相关微博时间影响力的相关度。此时，微博与查询的相关度由两个因素决定：第一个是内容的相关度，由文档产生查询的概率 $P(q \mid d)$ 决定；第二个为当前微博是相关微博的先验概率，由相关微博对当前微博的累计时间影响力决定。其现实意义是，如果一条微博到相关微博的时间距离越近，则它越可能也是相关微博，应该提高它的先验概率。

4.2.2 KL 距离检索模型中时间相关度计算

针对查询似然模型只能对文档建立语言模型的缺点，Lafferty 和 Zhai 提出了对查询和文档都建立语言模型，将查询 q 和文档 d 映射到词空间上，q 和 d 分别被表示为词空间上的分布 $P(w \mid q)$ 和 $P(w \mid d)$，并通过 KL 距离计算这两个分布的相似性来度量二者的相关度。本节在内容分布之外，引入查询时间分布和文档时间分布的相关度来度量二者的相关度。

在4.2.1节，利用时间片段上的语言模型 θ_{t_i} 得到了查询的时间分布。该分布反映了这组查询词在不同时间段的热门程度。借鉴这一思想，也可以用文档 d 中的词在不同时间段的热门程度估计文档 d 的时间分布 $P(t_i \mid d)$，即

$$P(t_i \mid d) = \frac{P(d \mid \theta_{t_i})}{\sum_{t_j \in T} P(d \mid \theta_{t_j})} = \frac{\prod_{w_k} P(w_k \mid \theta_{t_i})}{\sum_{t_j \in T} \prod_{w_k} P(w_k \mid \theta_{t_j})} \qquad (4-12)$$

式中，w_k 为文档 d 中第 k 个词；T 为时间片段 t_j 的集合。

借助时间片段上的语言模型，查询和文档都被映射为时间维度上的分布。根据第2章的分析，相关词的时间分布具有一定的相似性。同理，如果一个查询和文档是相关的，那么它们所包含的词在不同时间段上的热门程度的变化趋势将趋于一致，即相关的查询和文档在时间上的分布将是相似的。

通过以上分析，查询 q 和文档 d 被映射为词语空间及时间空间上的分布，

利用 KL 距离度量分布之间的距离，则相关度计算公式为

$$\mathrm{KL}(q \parallel d) = \sum_{q_w} P(q_w \mid q)\log\frac{P(q_w \mid q)}{P(q_w \mid d)} + \lambda\sum_{t_i \in T} P(t_i \mid q)\log\frac{P(t_i \mid q)}{P(t_i \mid d)} \tag{4-13}$$

从公式(4 — 13) 可以看出，查询和文档的相关度由两部分组成，前者是内容相关度，后者是时间分布相关度。

4.3　基于时间敏感排序学习算法的微博检索

相对于基于语言模型信息检索的理论研究而言，现有搜索引擎大多采用机器学习的方法，引入更多的特征来优化检索模型。其中主流的方法是排序学习算法，在训练数据集上学习出优化检索性能的模型参数。

为了将时间因素更好地引入排序学习，本节提出了时间敏感的微博排序模型，在考虑内容相关的基础上，探讨了如何在排序学习过程中利用时间特性实现符合相关微博在时间上的分布特性的排序。

在基于排序学习算法的微博排序模型中，查询与微博的相关度通常表示为多种特征的线性组合：$f(q,d) = \sum_{i=1}^{n} \lambda_i F_i(q,d)$，其中，$F_i(q,d)$ 为第 i 个特征，λ_i 是第 i 个特征的权重。与以往引入时间因素特征的工作不同，本节主要探索如何将时间因素用于改进排序学习算法中的损失函数，使排序学习结果能够更直接地体现微博检索中的时间相关特性。为了使排序的结果更符合微博的时间特性，本节提出了时间敏感的排序学习算法，首先给出了基于逻辑回归的排序学习算法 RankLR(Learning to Rank based on Logistical Regression)，然后定义了时间敏感损失函数，提出了时间敏感的排序学习算法(TimeRankLR)，使得 RankLR 具有根据时间特性学习的能力，最后介绍了排序的时间及其他特征。

4.3.1　基于逻辑回归的排序学习算法

排序学习算法使相关度排序模型可以通过机器学习方法来构建。典型的支持向量机、神经网络等方法在排序学习中均被用来求解排序模型的参数，例如，应用 SVM 基于序对实现分类的 RankingSVM，商用搜索引擎使用的排序

学习算法 RankNet 等。逻辑回归作为经典的机器学习方法，具有形式简洁、复杂度较低等优点，在企业界得到了广泛的应用。鉴于以上原因，本节提出了基于逻辑回归的排序学习算法 RankLR。该算法使用常见的基于序对的排序学习算法。

参考大多数基于序对的排序学习算法，RankLR 在给定的损失函数 L 上，寻找一个最优的假设函数 h，学习的目标是使训练数据上的损失最小。下面详细描述本节提出的 RankLR 方法。

在训练阶段，给定一个查询的集合 $Q=\{q^{(1)},q^{(2)},\cdots,q^{(m)}\}$，其中 m 是查询的数量，设每一个查询 $q^{(i)}$ 都对应着一个文档列表 $d^{(i)}=\{d_1^{(i)},d_2^{(i)},\cdots,d_{n^{(i)}}^{(i)}\}$，其中 $n^{(i)}$ 表示集合 $d^{(i)}$ 的大小，上标表示查询编号，下标表示文档编号。对每一个文档列表 $d^{(i)}$ 均关联着一个相关度列表 $Y^{(i)}=(y_1^{(i)},y_2^{(i)},\cdots,y_{n^{(i)}}^{(i)})$，其中 $y_j^{(i)}$ 表示文档 $d_j^{(i)}$ 与查询 $q^{(i)}$ 的相关度。在 TREC 微博数据上，这个相关度由人工判定给出。

利用每一个查询－文档对 $(q^{(i)},d_j^{(i)})$（其中 $i=1,2,\cdots,m,j=1,2,\cdots,n^{(i)}$），可以构造一个特征向量 $\boldsymbol{x}_j^{(i)}=(q^{(i)},d_j^{(i)})$，$\boldsymbol{x}_j^{(i)}$ 由文档 $d_j^{(i)}$ 自身特征以及与 $q^{(i)}$ 相关的特征构成，并且每个特征向量 $\boldsymbol{x}_j^{(i)}$ 均对应一个与 $q^{(i)}$ 的相关度 $y_j^{(i)}$。通过这样的方式，可以得到特征列表 $X^{(i)}=(\boldsymbol{x}_1^{(i)},\boldsymbol{x}_2^{(i)},\cdots,\boldsymbol{x}_{n^{(i)}}^{(i)})$ 以及对应的相关度标签列表 $Y^{(i)}=(y_1^{(i)},y_2^{(i)},\cdots,y_{n^{(i)}}^{(i)})$，则训练集可以表示为 $\delta=\{(X^{(i)},Y^{(i)})\}_{i=1}^{m}$。

在基于序对的方法中，将 δ 中的特征向量 $\boldsymbol{x}_u=\boldsymbol{x}_j^{(i)}$ 和 $\boldsymbol{x}_v=\boldsymbol{x}_k^{(i)}$（$j\neq k$ 且 $y_j^{(i)}\neq y_k^{(i)}$）组成一个序对 $x_{u,v}(\boldsymbol{x}_u,\boldsymbol{x}_v)$。如果 $y_j^{(i)}>y_k^{(i)}$，即 $y_u>y_v$，则该样本为一个正例，将其标签设为 $+1$，标记为 $y_{u,v}=1$；如果 $y_j^{(i)}<y_k^{(i)}$，即 $y_u<y_v$，则该样本为一个反例，将其标签设为 -1，标记为 $y_{u,v}=-1$。根据 y_u 和 y_v，序对构成偏序关系 $\{\boldsymbol{x}_u<\boldsymbol{x}_v\mid y_u<y_v)\}$。这样，在基于序对的方法中，通过 δ 可以构建一个新的训练集 τ：$\tau=\{(x_{u,v},y_{u,v})\}_{i=1}^{n}$。显然，训练集 τ 为一个二分类数据集。

在训练集 τ 上，排序学习的目标是在假设空间 H 上，以最小化分类错误为目标求解一个分类函数 $h(x_{u,v})$。最小化分类错误意味着在训练数据上实现错误序对最小化，即相关文档错排在不相关文档后面的序对数最小，从而实现优化排序的目的。通过这样的方式，排序问题被转变为一个分类问题，即将求解排序函数 $f(x)$ 的问题，转换为求解分类函数 $h(x_{u,v})$ 的问题。在理想情况下，如果正确地分开了所有的文档序对，则将获得一个正确的文档排序。

排序学习使用损失函数衡量假设函数 $h(x_{u,v})$ 和真实值 $y_{u,v}$ 之间的不一致性。一般地，损失函数可以定义为

$$L(h;\tau')=\frac{1}{m}\sum_{i=1}^{m}\frac{1}{s^{(i)}}\sum_{u\in x^{(i)}}\sum_{v\in x^{(i)}}\text{cost}(h;x_{u,v}^{(i)},y_{u,v}^{(i)}) \tag{4-14}$$

其中，$\text{cost}(h;x_{u,v},y_{u,v})$ 为单个样本的损失；$s^{(i)}$ 为查询 $q^{(i)}$ 对应文档序对总数；$L(h;\tau)$ 表示假设函数 h 在 m 个查询下，每个查询对应文档组成的序对的平均损失的均值。学习目标是在假设空间 H 中找到一个假设函数 h，使损失函数 $L(h;\tau)$ 最小。

逻辑回归函数可以表示为

$$f_{w,b}(x)=\frac{1}{1+\text{e}^{-(wx+b)}} \tag{4-15}$$

根据逻辑回归函数，定义假设函数为

$$h_{w,b}(x_{u,v})=f_{w,b}(\boldsymbol{x}_u)-f_{w,b}(\boldsymbol{x}_v) \tag{4-16}$$

对于每个样本$(x_{u,v})$及对应分类标签 $y_{u,v}$，定义每个样本$(x_{u,v})$上损失函数为

$$\text{cost}(h;x_{u,v}^{(i)},y_{u,v}^{(i)})=\begin{cases}-h_{w,b}(x_{u,v}^{(i)}), & y_{u,v}=1\text{ 且 }h_{w,b}(x_{u,v}^{(i)})<0\\ h_{w,b}(x_{u,v}^{(i)}), & y_{u,v}=-1\text{ 且 }h_{w,b}(x_{u,v}^{(i)})>0\\ 0, & \text{其他}\end{cases} \tag{4-17}$$

公式(4－17)可以理解为：对于错误的分类，将一个正例样本($y_{u,v}=1$)判为反例，即 $h_{w,b}(\boldsymbol{x}_u,\boldsymbol{x}_v)<0$，或者将一个反例样本($y_{u,v}=-1$)判为正例，即 $h_{w,b}(\boldsymbol{x}_u,\boldsymbol{x}_v)>0$，均会产生损失，否则损失函数为0。将公式(4－16)代入公式(4－17)，有

$$\text{cost}(h;x_{u,v}^{(i)},y_{u,v}^{(i)})=\begin{cases}f_{w,b}(\boldsymbol{x}_v)-f_{w,b}(\boldsymbol{x}_u), & y_u>y_v\text{ 且 }h_{w,b}(x_{u,v}^{(i)})<0\\ f_{w,b}(\boldsymbol{x}_u)-f_{w,b}(\boldsymbol{x}_v), & y_u<y_v\text{ 且 }h_{w,b}(x_{u,v}^{(i)})>0\\ 0, & \text{其他}\end{cases} \tag{4-18}$$

利用公式(4－18)，单个错误分类的样本$(\boldsymbol{x}_u,\boldsymbol{x}_v)$的损失可以表示为

$$\text{cost}(h;x_{u,v}^{(i)},y_{u,v}^{(i)})=y_{u,v}[f_{w,b}(\boldsymbol{x}_u)-f_{w,b}(\boldsymbol{x}_v)] \tag{4-19}$$

则在整个训练数据上，损失函数可以定义为

$$L(h_{w,b};\tau)=-\frac{1}{m}\sum_{i=1}^{m}\frac{1}{s^{(i)}}\sum_{\langle \boldsymbol{x}_u,\boldsymbol{x}_v\rangle\subset E^{(i)}}y_{u,v}[f_{w,b}(\boldsymbol{x}_u^{(i)})-f_{w,b}(\boldsymbol{x}_v^{(i)})] \tag{4-20}$$

式中，τ 为训练数据组成的序对集合；$E^{(i)}$ 为查询 i 误分类序对的集合；$s^{(i)}$ 为查询 i 中序对的总数；m 为查询数量。

为了实现错误序对数最小这一学习目标，依据上述定义，算法要寻找使公式(4－20)中 $L(h;\tau)$ 最小的逻辑回归函数的参数 w 和 b。这里使用错误驱动的更新方式，采用随机梯度下降法对参数求解。

首先，任意选择一个超平面 w_0 和 b_0，然后应用梯度下降法不断地极小化目标函数。在极小化的过程中，每次随机选取一个误分类点，应用梯度下降，$L(h_{w,b};\tau)$ 对 w 求偏导数，得

$$\frac{\partial}{\partial w}L(h_{w,b};\tau)=-\frac{1}{m}\sum_{i=1}^{m}\frac{1}{s^{(i)}}\sum_{\langle \boldsymbol{x}_u,\boldsymbol{x}_v\rangle\subset E^{(i)}}y_{u,v}\left[\frac{\partial f_{w,b}(\boldsymbol{x}_u)}{\partial w}-\frac{\partial f_{w,b}(\boldsymbol{x}_v)}{\partial w}\right] \tag{4-21}$$

由于

$$\begin{aligned}\frac{\partial f_{w,b}(\boldsymbol{x}_u)}{\partial w}&=\frac{\partial}{\partial w}\left[\frac{1}{1-\mathrm{e}^{-(w\cdot \boldsymbol{x}_u+b)}}\right]=-\left[\frac{1}{1-\mathrm{e}^{-(w\cdot \boldsymbol{x}_u+b)}}\right]^2\frac{\partial[1-\mathrm{e}^{-(w\cdot \boldsymbol{x}_u+b)}]}{\partial w}\\&=-\left[\frac{1}{1-\mathrm{e}^{-(w\cdot \boldsymbol{x}_u+b)}}\right]^2[-\mathrm{e}^{-(w\cdot \boldsymbol{x}_u+b)}]\frac{\partial[-(w\boldsymbol{x}_u+b)]}{\partial w}\\&=-\left[\frac{1}{1-\mathrm{e}^{-(w\cdot \boldsymbol{x}_u+b)}}\right]^2\mathrm{e}^{-(w\cdot \boldsymbol{x}_u+b)}\boldsymbol{x}_u\\&=-\left[\frac{1}{1-\mathrm{e}^{-(w\cdot \boldsymbol{x}_u+b)}}\right]\left[1-\frac{1}{1-\mathrm{e}^{-(w\cdot \boldsymbol{x}_u+b)}}\right]\boldsymbol{x}_u\\&=f_{w,b}(\boldsymbol{x}_u)[1-f_{w,b}(\boldsymbol{x}_u)]\boldsymbol{x}_u\end{aligned} \tag{4-22}$$

因此

$$\frac{\partial}{\partial w}L(h;\tau)=-\frac{1}{m}\sum_{i=1}^{m}\frac{1}{s^{(i)}}\sum_{\langle \boldsymbol{x}_u,\boldsymbol{x}_v\rangle\subset E^{(i)}}y_{u,v}\{f_{w,b}(\boldsymbol{x}_u)[1-f_{w,b}(\boldsymbol{x}_u)]\boldsymbol{x}_u-f_{w,b}(\boldsymbol{x}_v)[1-f_{w,b}(\boldsymbol{x}_v)]\boldsymbol{x}_v\} \tag{4-23}$$

同理，对 b 求偏导数，得

$$\frac{\partial}{\partial b}L(h;\tau)=-\frac{1}{m}\sum_{i=1}^{m}\frac{1}{s^{(i)}}\sum_{\langle \boldsymbol{x}_u,\boldsymbol{x}_v\rangle\subset E^{(i)}}y_{u,v}\{f_{w,b}(\boldsymbol{x}_u)[1-f_{w,b}(\boldsymbol{x}_u)]-f_{w,b}(\boldsymbol{x}_v)[1-f_{w,b}(\boldsymbol{x}_v)]\} \tag{4-24}$$

对于一个查询的某一个错误序对，w 和 b 依据公式(4－25)和公式(4－26)更新，即

$$w \leftarrow w+\eta \times \frac{1}{s} \times y_{u,v} \times \{f_{w,b}(\boldsymbol{x}_u)[1-f_{w,b}(\boldsymbol{x}_u)]\boldsymbol{x}_u - f_{w,b}(\boldsymbol{x}_v)[1-f_{w,b}(\boldsymbol{x}_v)]\boldsymbol{x}_v\} \tag{4-25}$$

$$b \leftarrow b+\eta \times \frac{1}{s} \times y_{u,v} \times \{f_{w,b}(\boldsymbol{x}_u)[1-f_{w,b}(\boldsymbol{x}_u)] - f_{w,b}(\boldsymbol{x}_v)[1-f_{w,b}(\boldsymbol{x}_v)]\} \tag{4-26}$$

式中，s 为当前查询的序对总数；η 为学习速率，控制梯度下降的速度，$0<\eta \leqslant 1$。学习中，通过迭代实现最小化 $L(h;\tau)$ 的目标。

4.3.2　时间敏感损失函数

从 4.2 节的分析可以看出，微博排序不仅应该考虑内容的相关度，还应该考虑时间特性。以往研究在传统的排序学习算法中将时间特性作为特征使用，但性能提升并不显著。其主要原因在于，传统的排序学习算法没有在学习的目标中考虑排序的时间特性，即损失函数的定义并没有考虑序对的时间关系，这使得时间特征无法在排序学习中有效地发挥作用。

与其他排序方法类似，RankLR 只利用了与查询相关度不同的文档组成序对构建训练用例，将相关度($y_u=y_v$)相同的两个样本组成的序对的排序损失定义为 0，这一序对并不参与排序学习。

为使得 RankLR 能够发挥时间特性的作用，本节提出利用文档在时间上的偏序关系来构成序对，称之为时间敏感序对。对于相关度相同($y_u=y_v$)的两个样本，若二者之间存在时间上的偏序，则可以组成一个时间敏感序对，$\{\boldsymbol{x}_u<\boldsymbol{x}_v \mid t(\boldsymbol{x}_u)<t(\boldsymbol{x}_v)\}$，其中 $t(x)$ 表示 x 在时间上的排序。对于相关度相同($y_u=y_v$)的两个样本组成的时间敏感序对($\boldsymbol{x}_u,\boldsymbol{x}_v$)，若 $t(\boldsymbol{x}_u)>t(\boldsymbol{x}_v)$ 且 $h_{w,b}(x_{u,v})>0$，或者 $t(\boldsymbol{x}_u)<t(\boldsymbol{x}_v)$ 且 $h_{w,b}(x_{u,v})<0$，$(x_{u,v})$，则被视为正确的时间敏感序对，否则被视为错误的时间敏感序对。将考虑时间敏感序对的损失函数称之为时间敏感损失函数。

以往的研究提出了爆发期的微博更可能是相关微博这一假设，实验结果证明了这种假设的合理性。本节从这一思路出发，认为爆发期内微博比非爆发期内微博更重要，应该提高爆发期内微博在排序中的位置。这种假设符合一定的

现实情况。例如,用户查询“2014 世界杯”,更多的兴趣在于获取当年世界杯的信息,因此,2014 年世界杯期间人们讨论的微博(爆发期内微博)与一年后某个用户发布的关于 2014 年世界杯的微博(非爆发期内微博)相比,可能含有更多用户感兴趣的信息。在排序时,将爆发期内的微博排在非爆发期内的微博前面将更能满足用户的信息需求。

4.2 节的讨论表明文档的先验概率 $P(d)$ 是不同的,可以通过时间特性来估计。这启发我们,对相同相关度级别的文档,可以利用 $P(d)$ 构成时间敏感序对。由于训练数据是带有标签的,因此 $P(d)$ 可以直接通过相关微博的时间分布来估计,作为时间排序的依据 $t(x)$,即

$$t(x)=P(x)=P(t_x)=\frac{\text{count}(t)}{\sum_{t'\subset T}\text{count}(t')} \tag{4-27}$$

式中,t 为样本 x 属于的时间片段;$\text{count}(t)$ 为时间段 t 上相关微博的数量;T 为微博集合含有的全部时间片段 t' 的集合。$P(x)$ 越大,表示 x 所在时间段上的相关微博数量越多。

利用时间敏感序对,则训练数据上模型的损失包括两种类型:一类是基于相关度排序错误带来的损失 $\text{cost}_\text{R}(\cdot)$;另一类是时间排序错误带来的损失 $\text{cost}_\text{T}(\cdot)$。利用这两类损失,定义时间敏感损失函数为

$$\begin{aligned}L(h_{w,b};\tau)=\frac{1}{m}\sum_{i=1}^{m}\frac{1}{s^{(i)}}[&\sum_{\langle \boldsymbol{x}_u,\boldsymbol{x}_v\rangle\subset E^{(i)}}\text{cost}_\text{R}(h;x_{u,v}^{(i)},y_{u,v}^{(i)})+\\&\lambda\sum_{\langle \boldsymbol{x}_u,\boldsymbol{x}_v\rangle\subset T^{(i)}}\text{cost}_\text{T}(h;x_{u,v}^{(i)},y_{u,v}^{(i)})]\end{aligned} \tag{4-28}$$

式中,$E^{(i)}$ 为查询 i 基于相关度排序的错误序对集合;$\text{cost}_\text{R}(\cdot)$ 为基于相关度排序的损失,利用公式(4-19)估计;$T^{(i)}$ 为查询 i 基于时间敏感排序的错误序对的集合;$\text{cost}_\text{T}(\cdot)$ 为错误的时间敏感序对带来的损失,定义如下:

$$\begin{aligned}\text{cost}_\text{T}(h;x_{u,v}^{(i)},y_{u,v}^{(i)})=-[P(\boldsymbol{x}_u)-P(\boldsymbol{x}_v)][f_{w,b}(\boldsymbol{x}_u)-\\f_{w,b}(\boldsymbol{x}_v)](x_{u,v}^{(i)},y_{u,v}^{(i)})\subset T^{(i)}\end{aligned} \tag{4-29}$$

式中,$T^{(i)}=\{(x_{u,v}^{(i)},y_{u,v}^{(i)})\mid y_u^{(i)}=y_u^{(i)},P(\boldsymbol{x}_u)-P(\boldsymbol{x}_v)>0$ 且 $\& f_{w,b}(\boldsymbol{x}_u)-f_{w,b}(\boldsymbol{x}_v)<0\mid\mid P(\boldsymbol{x}_u)-P(\boldsymbol{x}_v)<0$ 且 $f_{w,b}(\boldsymbol{x}_u)-f_{w,b}(\boldsymbol{x}_v)>0\}$。

从公式(4-29)可以看出,基于时间敏感损失函数的 RankLR 算法的排序目标是相关微博排在不相关微博的前面,爆发期内的微博排在非爆发期内的微博前面。其算法描述如下:

算法 4－1　时间敏感的排序学习算法

```
Input:训练数据 X,特征权重 w,偏置 b,排序函数 f = logistic(w·x+b),迭代次数 T,
学习速率 α,第 t 次迭代损失函数为 Lt
Output:final_w,final_b
Initialization:初始化 w ← 0,b = 0
for t = 1 to T
    for x_u in X
        for x_v in X
            if ((x_u != x_v))
                if ((f(x_u) > f(x_v))&&(y_u < y_v) || (t(x_u) < t(x_v))))
                    update w and b withα
                if ((f(x_u) <= f(x_v))&&((y_u > y_v) || (t(x_u) > t(x_v))))
                    update w and b withα
        end for
    end for
    calculate Lt
    if isMinimum(Lt)
        final_w ← w final_b ← b
    if Lt > Lt-1
        w,b ← random value
end for
Output:final_w and final_b
```

4.3.3　时间特征及其他排序特征

在基于排序学习的检索模型中,排序特征是一个重要的研究内容。研究表明,合理的特征对检索性能的提升至关重要。本节结合 4.2 节提出的融合时间的相关度计算,给出了基于时间的特征。此外,本节对近年来微博检索中获得较好性能的排序学习算法所用特征进行了梳理,这些特征可以分为四类:基于时间的特征、基于内容的特征、微博的非文本属性的特征及基于微博用户的特征。

(1) 基于时间的特征。

4.2 节提出了三种语言模型框架下的基于时间特性的相关度,但这三种相关度在形式上并不统一,且前两种方法无法使用第 2 章的查询模型,因此本节对公式(4－8)、公式(4－11)和公式(4－13)进行进一步的推导,将这三种融合时间的相关度计算方法转化为形式统一、可比较性强的特征。

对于公式(4－8)基于时间分布的相关度，进行了如公式(4－30)所示的推导，来获得可用于排序的特征。首先，查询中 k 个查询词 q_k(q_k 可以重复)的连乘等价于查询中的词 q_w(q_w 不重复)连乘时指数项为 q_w 在查询中出现的次数，利用指数和对数变换连乘为累加，引入查询长度 $|q|$，将查询词 w 出现的次数变成 w 在查询中出现的概率。通过这样的变化即可使用第 2 章的查询模型，最后忽略掉排序时与文档的无关项 $|q|$，还原为连乘的形式，即

$$
\begin{aligned}
P(d \mid q) &\propto \prod_{q_k}[P(q_k \mid d)P(q_k \mid \theta_{t_d})] \\
&= \prod_{q_w \in q}[P(q_w \mid d)^{\mathrm{count}(q_w,q)} P(q_w \mid \theta_{t_d})^{\mathrm{count}(q_w,q)}] \\
&= \mathrm{e}^{\sum_{q_w \in q} \mathrm{count}(q_w,q)\log P(q_w|d) + \sum_{q_w \in q} \mathrm{count}(q_w,q)\log P(q_w|\theta_{t_d})} \\
&= \mathrm{e}^{|q|\sum_{q_w \in q} \frac{\mathrm{count}(q_w,q)}{|q|}\log P(q_w|d) + |q|\sum_{q_w \in q} \frac{\mathrm{count}(q_w,q)}{|q|}\log P(q_w|\theta_{t_d})} \\
&= \mathrm{e}^{|q|[\sum_{q_w \in q} P(q_w|q)\log P(q_w|d) + \sum_{q_w \in q} P(q_w|q)\log P(q_w|\theta_{t_d})]} \\
&\propto |q| \left[\sum_{q_w \in q}\log P(q_w \mid d)^{P(q_w|q)} + \sum_{q_w \in q}\log P(q_w \mid \theta_{t_d})^{P(q_w|q)}\right] \\
&\propto \prod_{q_w \in q}[P(q_w \mid d)^{P(q_w|q)} P(q_w \mid \theta_{t_d})^{P(q_w|q)}]
\end{aligned}
\tag{4－30}
$$

同理，对基于微博时间影响力的相关度公式(4－11)进行推导，最终其正比于

$$
\begin{aligned}
P(d \mid q) &\propto P(q \mid d) \times \frac{1}{|R|}\sum_{r \in R}\mathrm{Influence}(d_r, d) \\
&\propto \prod_{q_w \in q} P(q_w \mid d)\, P(q_w \mid q) \times \sum_{r \in R}\mathrm{Influence}(d_r, d)
\end{aligned}
\tag{4－31}
$$

对于查询和文档时间分布相似性的相关度公式(4－13)可以获得

$$
\begin{aligned}
\mathrm{rel}(q,d) &= -\mathrm{KL}(q \,||\, d) \\
&= -\sum_{q_w} P(q_w \mid q)\log\frac{P(q_w \mid q)}{P(q_w \mid d)} - \lambda\sum_{t_i \in T} P(t_i \mid q)\log\frac{P(t_i \mid q)}{P(t_i \mid d)} \\
&\propto \prod_{q_w \in q} P(q_w \mid d)\, P(q_w \mid q) \times \prod_{t_i \in T} P(t_i \mid d)\lambda P(t_i \mid q)
\end{aligned}
\tag{4－32}
$$

经过上述转变，得到三个形式相似的融合内容的相关度和时间的相关度计算。

将原始查询、原始文档、第 2 章的查询模型、第 3 章的文档模型分别引入这三个公式中，可以得到如表 4—1 所示的时间特征，本节将其称为基于时间的特征。

表 4—1　时间特征

特征编号	名称	说明	公式
1	QTLM_Q_D	公式中的 $P(q_w \mid d)$ 和 $P(q_w \mid q)$ 中的 d 为原始文档，q 为原始查询	公式(4—30)
2	QDLM_Q_D		公式(4—31)
3	QTDTLM_Q_D		公式(4—32)
4	QTLM_QE_D	公式中 $P(q_w \mid d)$ 和 $P(q_w \mid q)$ 中的 d 为原始文档、q 为基于词语时间分布的查询模型	公式(4—30)
5	QDLM_QE_D		公式(4—31)
6	QTDTLM_QE_D		公式(4—32)
7	QTLM_Q_DE	公式中的 $P(q_w \mid d)$ 和 $P(q_w \mid q)$ 中的 d 为基于时间的文档模型，q 为原始查询	公式(4—30)
8	QDLM_Q_DE		公式(4—31)
9	QTDTLM_Q_DE		公式(4—32)

这三类特征所代表的物理意义对应如下：公式(4—30) 表示，查询与文档的相关程度取决于文档生成查询的概率以及文档对应时间段语言模型生成查询的概率，在文档发布的那个时间段，查询词被使用得越频繁，则该文档与查询相关的可能性就越大；公式(4—31) 表示，查询与文档的相关程度取决于文档生成查询的概率以及文档距离其他相关文档的时间距离，距离其他相关文档越近，越可能是相关文档；公式(4—32) 表示，查询与文档的相关程度取决于文档生成查询的概率以及这篇文档和查询在时间上分布的相似性，即如果在不同时间段上文档和查询的使用程度越相似，则二者的相关性越高。

(2) 基于内容的特征。

基于微博内容的特征主要依据内容和查询的相关度获取。内容主要来源于两方面：微博自身的文本内容以及微博包含的 URL 所指向的链接含有的文本内容(简称 URL 内容)。现有基于内容的排序学习模型方法中，向量空间模型、BM25、语言模型等都被用于相关度的计算。本节采用语言模型的相关度得分作为特征。

研究表明,URL 的内容具有重要的作用。在 URL 的内容利用方面,文献[44]获得了比较好的结果。其出发点是,用户在检索微博时,既有可能是从相关微博中获得信息,也可能只是将微博作为媒介,通过微博发现相关事件的链接,从链接中获得信息。据此,查询与文档的相关度可以考虑由查询与微博内容的相关度和查询与 URL 内容的相关度计算,即

$$P(d \mid q) \propto -P(q_m \mid q)\mathrm{KL}(\theta_{q_m},\theta_{d_m}) - P(q_u \mid q)\mathrm{KL}(\theta_{q_u},\theta_{d_u}) + \frac{\ln P(d_u)}{|q|} \quad (4-33)$$

式中,d_m 为微博的内容;d_u 为微博 URL 的内容;$P(q_m \mid q)$ 为用户期望从微博内容获得信息的概率;$P(q_u \mid q)$ 为用户期望从微博 URL 中获取信息的概率;θ_d 为文档 d 的语言模型;θ_u 为 URL 内容建立的语言模型;$\frac{\ln P(d_u)}{|q|}$ 是对不包含 URL 的微博的惩罚项。

本节所用基于内容的特征见表 4－2。

表 4－2 基于内容的特征

特征编号	名称	说明	公式
10	LM－score	语言模型计算查询与文档的相关度	公式(4－2)
11	URL－score	利用 URL 的文档计算的相关度	公式(4－33)

(3) 基于微博的非文本属性的特征。

除了微博的内容特征外,微博还有一些非文本属性的特征。TREC 从 Twitter 中爬取的微博中,包含的非文本属性的特征见表 4－3。

表 4－3 微博非文本特征

特征编号	名称	说明
12	hasURL	微博中是否含有 URL
13	isretween	微博是否是回复微博
14	hastag@	微博中是否含有“@”
15	hashtag#	微博中是否含有“#”
16	retweet－count	微博被转发次数

这些微博的非文本特性从侧面体现了一条微博的信息含量和价值,从一

定程度上反映了某个微博的重要程度。例如，微博中是否含有 URL 的特征是 TREC 2011、TREC 2012、TREC 2013 评测中性能最高模型中的重要特征。话题标签"#"表示人们发表的微博和某个话题相关，标签"@"表示微博发布者想让某人看到该微博，或者该微博涉及某人时也是被大量使用的特征。

由于不同的微博系统采用的特征不同，为避免特征选择影响可比性，本节统一使用 Twitter 数据中这一部分的全部特征。

(4) 基于微博用户的特征。

部分研究认为，发布微博的用户越权威，他所发布的微博内容的质量越高。而用户的权威性可以通过用户的特征和社会关系网络等来评估。在 Twitter 数据中，包含的微博用户特征见表 4—4。这些特征可被用来捕获微博的权威性。例如，粉丝数多的用户权威度相对可能更高，认证用户的权威都相对较高等。TREC 2012、TREC 2013 最好的排序学习算法均使用了这些特征。

表 4—4　微博用户特征

特征编号	名称	说明
17	followers_count	微博用户的粉丝数
18	friends_count	微博用户的关注数
19	list_count	微博用户被分组数
20	status_count	微博用户的发博量
21	favourite_count	微博用户的收藏数
22	isverified	微博用户是否认证

4.4　实验与分析

4.4.1　实验设置

本章实验使用 TREC 2012 微博评测数据。评价指标依然沿用 TREC 2012 微博评测的评价指标 $P@30$，并提供了 MAP 供参考。具体内容参见 2.4.1 节。

为评价本章提出的基于时间的相关度计算方法，本节选用了多个基线方法做比较。其实验所用基线方法在表 4－5 进行了描述。

表 4－5　基线方法说明

简称	名称	描述	文献或公式
LM	语言模型	使用经典的查询似然的语言模型的结果。	公式(4－2)
RLM	基于最新性的语言模型	引入时间最新性的语言模型，其出发点是越靠近查询时间的微博，越可能满足用户的检索需求，在语言模型中给于“新”的微博以更高的先验概率	文献[10]
BLM	基于爆发性的语言模型	引入时间爆发性的语言模型。使用检索结果的前 n 篇文档在时间上的分布来估计一个爆发期，根据微博距离爆发期的远近来估计微博的先验概率	文献[5]
RankSVM	RankSVM	采用基于序对的 RankSVM，工具为 svmrank①	文献[53,54]
TREC Best Result		TREC 2011 和 TREC 2012 微博评测中基于排序学习的最好结果	文献[1]

本节提出的基于时间的方法在表 4－6 中进行了描述。

实验分别使用 TREC 2011 和 TREC 2012 两组数据，采用交叉检验的方式来训练参数。实验中首先使用 TREC 2011 微博检索的 49 个查询作为训练数据。训练基线方法以及 QTLM、TFLM 和 QTDTLM 的参数，并将每个查询检索到的前 500 条微博构成序对，作为 RankLR 和 TimeRankLR 的训练数据。应用 TREC 2012 微博检索的 60 个查询作为测试数据，实验结果用 TREC 2012 标注。采用同样的方式，使用 TREC 2012 的 60 个查询作为训练数据，使用 TREC 2011 的 49 个查询作为训练数据，实验结果标注为 TREC 2011。实验结果中汇报的均为测试数据上的运行结果。

① http://www.cs.cornell.edu/People/tj/svm_light/svm_rank.html

表 4—6　基于时间的相关度计算方法说明

简称	名称	描述	文献及公式
QTLM	融合查询时间分布的相关度计算	融合查询的时间分布计算查询与微博的相关度	公式(4—8)
TFLM	融合微博时间影响力的相关度计算	融合微博时间影响力计算查询与微博的相关度	公式(4—11)
QTDTLM	融合查询和微博时间分布相似性的相关度计算	融合查询和微博时间分布相似性计算查询与微博的相关度	公式(4—13)
RankLR	基于 RankLR 的相关度计算	本节所提基于逻辑回归模型的排序学习算法。学习速率设为 0.05	公式(4—25) 公式(4—26) 文献[101]
TimeRankLR	基于时间敏感的 RankLR 的相关度计算	基于时间敏感损失函数的 RankLR，学习速率设为 0.05	4.3.2 节

本节首先分析了语言模型框架下基于时间的相关度计算的实验结果，然后报告了本章提出的时间敏感的排序学习算法(TimeRankLR)的结果，并对比分析了 TimeRankLR 中时间敏感损失函数对性能的影响。

4.4.2　语言模型框架下融合时间的相关度计算的实验结果

4.2 节基于语言模型框架，从不同的时间角度出发，提出了三种基于时间的相关度计算。表 4—7 给出了这三种基于时间的相关度计算方法在使用原始查询和原始文档下的实验结果(即不进行查询扩展和文档扩展)。

表 4—7　融合时间的相关性计算在原始查询和原始文档上的实验结果

	TREC 2011		TREC 2012	
	P@30	MAP	*P*@30	MAP
LM	0.413 6	0.382 4	0.335 0	0.233 1
RLM	0.419 7	0.390 0	0.343 5	0.236 8
BLM	0.429 9	0.369 9	0.344 6	0.215 9
QTLM	0.431 3	**0.396 0**	0.346 3	0.231 6
QTDTLM	0.424 5	0.380 3	**0.356 5**	0.238 0
TFLM	**0.457 1**	0.389 6	**0.356 5**	**0.238 5**

从表 4－7 可以看出，本书提出的三种方法相对于基线方法都有一定幅度的提升。相对而言，基于微博时间影响力的相关度计算方法 TFLM 表现最好，提升幅度较大，这与第 3 章发现近邻性比爆发性更好的实验结果一致。本质上，微博的时间影响力与近邻性是从两个不同的角度描述的同一时间属性，因此其表现也是相似的。基于查询时间分布的相关度计算方法 QTLM 与 BLM 相比提升幅度较小，因为两者本质上利用的是同一种时间性质，只是估计的方法不同，因此性能有所改善但不会差异过大。而对比 TREC 2011 和 TREC 2012 的结果，基于查询和微博时间分布相似性的相关度计算方法，QTDTLM 表现得不够稳定。分析发现，在一些极短查询上，该方法受到的影响较大。在随后结合查询扩展的实验上，这一不良影响消失(表 4－8)。

进一步地，本节分别将本节提出的基于词语时间分布的查询模型和基于时间的文档模型应用在基于时间的相关度计算方法中，检索结果见表 4－8 和表 4－9。

表 4－8　融合时间的相关度计算在基于词语时间分布的查询模型和原始文档上的实验结果

	TREC 2011		TREC 2012	
	P@30	MAP	*P*@30	MAP
LM	0.476 9	0.420 8	0.418 6	0.275 6
QTLM	0.469 7	**0.423 0**	0.413 7	0.267 5
TFLM	0.478 2	0.421 5	0.419 8	**0.276 3**
QTDTLM	**0.478 9**	0.420 8	**0.421 5**	0.273 0

表 4－9　融合时间的相关度计算在原始查询和基于时间的文档模型上的实验结果

	TREC 2011		TREC 2012	
	P@30	MAP	*P*@30	MAP
LM	0.452 4	0.419 1	**0.380 2**	**0.261 5**
QTLM	0.441 5	0.415 5	0.364 4	0.233 9
TFLM	0.457 8	0.422 7	0.373 4	0.254 9
QTDTLM	**0.469 4**	**0.428 3**	0.378 0	0.254 0

从表 4－8 和表 4－9 的结果可以看出，基于时间的相关度计算在使用基于词语时间分布的查询模型和基于时间的文档模型时并没有带来收益。这可能是因为基于时间的查询模型和基于时间的文档模型中已经含有了与 TFLM、QTDTLM、MTLM 类似的时间信息，在语言模型框架下，无法获得进一步的收益，还需要更宽松的组合方式。随后在排序学习算法下，将这些相关度作为特征，与其他微博特征结合起来计算相关度。

4.4.3　基于时间敏感排序学习算法的实验结果

表 4－10 给出了基线方法的实验结果以及本节提出的时间敏感的排序学习算法(TimeRankLR)在全部特征上的实验结果。表中,“＊”表示显著优于当年评测的最好结果($P < 0.05$)。

表 4－10　时间敏感排序学习算法及基线方法的实验结果

	TREC 2011		TREC 2012	
	P@30	MAP	P@30	MAP
LM	0.413 6	0.382 4	0.335 0	0.233 1
RLM	0.419 7	0.390 0	0.343 5	0.236 8
BLM	0.429 9	0.369 9	0.344 6	0.215 9
TREC Best Result	0.455 1	0.189 2	0.437 9	0.312 6
TimeRankLR	**0.510 2＊**	**0.449 0＊**	**0.476 8＊**	**0.317 7**

从结果中可以看出,基于时间敏感的排序学习算法远远优于传统语言模型框架下的检索结果,相对于一般的排序学习算法也有较大幅度的提升。

下面给出了三个例子来展示时间敏感排序学习算法的检索效果。

例 1　BBC World Service staff cuts(查询 1)

相关微博:从第 17 位升至第 5 位

内容:A shame for info dissemination! BBC confirms World Service cuts－http://www.bbc.co.uk/news/entertainment－arts－12283356

不相关微博:从第 5 位降至第 13 位

内容:Save BBC World Service from savage cuts http://www.petitionbuzz.com/petitions/savews

例 2　release of “The Rite”(查询 14)

相关微博:从第 798 位升到第 4 位

内容:At The Movies:Anthony Hopkins’ Take Weekend Box Office With ‘The Rite’:… “The Rite”,the top spot at this we… http://bit.ly/idg92E

不相关微博:从第 1 位降到第 80 位

内容:Is that rite?

例 3　global warming and weather(查询 29)

相关微博:从第3位升到第1位

内容:This is global warming?:Virginia Burkett,a senior scientist with the US Geological Survey,said global warming… http://bit.ly/h46DR9

不相关微博:第1位降到第8位

内容:Weather feels great man I love "global warming"

在例1中,用户期望获得BBC裁员的新闻。baseline排序中第一个不相关微博出现在第5位,在TimeRankLR中降到第13位,取代它的相关微博则从第17位升到第5位。从内容上看,相关微博讨论的是BBC发布裁员的这条新闻,而不相关微博是数天之后,一条要求保留BBC相关频道的投票。显然,前者更满足用户的信息需求。从词语上看,不相关微博和相关微博含有相同数量的查询词,但不相关微博更短,因此在baseline中排在了相关微博之前。类似地,例2的相关微博和不相关微博都含有rite这一查询词,但不相关微博要短很多,例3的不相关微博比相关微博含有更多的查询词。在这种情况下,仅从词匹配的角度来进行检索,很难将不相关微博排在相关微博之前。但从时间上看,例1中的相关微博发布在人们对BBC裁员新闻爆发性讨论的时间,而不相关微博则是4天后发布的,此时这一新闻的热度已经大幅降低。从时间角度,相关微博应该排在不相关微博之前。例2和例3也都是如此。TimeRankLR利用时间及其他特性,从而带来性能的进一步提升。

为了比较时间敏感的排序学习算法,我们进行了进一步的实验。将实验特征分为两组:一组是微博的基本特征(特征编号为10～22);另一组是基础特征(特征编号为10～22)加时间特征(特征编号为1～9)。通过这两组特征来分别考察时间敏感损失函数以及时间特征所起的作用,选择了主流的RankSVM方法作为基线方法。表4－11是不使用时间特征的结果。表4－12是使用时间特征的结果。

表4－11　RankLR和TimeRankLR在微博的基础特征上的实验结果

	TREC 2011		TREC 2012	
	P@30	MAP	*P*@30	MAP
RankSVM	0.476 2	0.395 2	**0.439 0**	**0.294 4**
RankLR	**0.479 6**	**0.431 8**	0.422 0	0.290 0
TimeRankLR	**0.479 6**	0.408 9	0.438 9	0.288 9

表 4—12　RankLR 和 TimeRankLR 在微博的基础特征加时间特征上的实验结果

	TREC 2011		TREC 2012	
	P@30	MAP	*P*@30	MAP
RankSVM	0.497 3	0.427 0	0.422 6	0.285 3
RankLR	0.484 4	0.402 3	0.443 5	0.306 6
TimeRankLR	**0.510 2***	**0.449 0***	**0.476 8***	**0.317 7**

从表 4—11 可以看出，RankLR 与 RankSVM 的性能相当，但形式更简洁，时间复杂度较低。但时间敏感的 TimeRankLR 与 RankLR 相比，并没有获得性能的收益。其主要原因在于，微博的基础特征并不能直接反映时间上的特性，时间敏感损失函数也较难通过这些特征来体现时间上的偏序关系，因此在性能上并没有获得收益。

从表 4—12 的结果可以看出，TimeRankLR 在加入时间特征之后，发挥了应有的作用，通过时间敏感损失函数学习到了一个更有效的排序。因此，对于一个时间敏感的排序模型而言，时间特征也是一个重要的因素。

本章小结

由于查询短、微博短带来的限制，仅仅依靠内容相关度不足以充分反映文档和查询的相关度。微博的时间特性使得微博和查询之间天然存在两种相关性：内容相关性和时间相关性。本章在微博和查询的相关度计算中融合了时间相关度，围绕基于时间敏感的微博检索展开了研究。

具体地，本节首先讨论了在语言模型框架下融合时间的相关度计算，给出了基于查询时间分布、文档时间影响力以及查询和文档时间分布相似性三种相关度计算方法，在实验中验证了其性能。由于在语言模型框架下较难融合多种时间特性，本章随后以使排序结果更符合相关微博在时间上的分布特点为目标，构建了时间敏感损失函数，提出了时间敏感的排序学习算法对排序模型的参数求解。实验结果表明，时间敏感损失函数配合时间特征，能够构建一个更有效的排序模型，更好地估计微博与查询的相关性，得到检索性能的提升。

第5章 基于历史微博的微博实时过滤研究

5.1 概述

与普通网站更新速度相比，典型的微博系统，如 Twitter 每天都会产生数以亿计的微博，每秒钟都有数百条新微博发布。这意味着在用户浏览检索结果的过程中，新发布的微博中也可能存在与查询相关的微博。将这部分微博过滤出来呈现给用户有助于满足用户的信息需求，提升用户体验。此外，微博过滤为信息摘要、信息监控、用户跟踪微博上主题的发展、微博推荐、信息过滤确定事态发展等应用提供了支持。

在查询提交之后源源不断的新发布的微博中获得与查询相关的微博的过程在 TREC 评测中被称为微博实时过滤。在微博实时过滤中，过滤系统对用户查询提交之后新发布的微博逐条进行判断，决定每条微博是否与查询相关，如果当前微博被过滤系统判断为相关微博，则将这条微博展示给用户。

一般地，采用分类模型的过滤策略是各种过滤任务主要采取的方法。然而，与其他在线过滤任务（比如垃圾邮件过滤任务）不同，微博过滤具有显著的查询相关性，这使得微博过滤又具有检索任务的特性。因此，在微博过滤中，基于分类模型的微博过滤方法和基于检索模型的微博过滤方法均获得了广泛的应用。

基于分类模型的微博过滤方法将微博过滤视为一个分类任务，分类器以在线的方式训练一个分类模型，利用上一时刻已学习到的分类面对当前微博与用户查询的相关性做出决策。然而，微博过滤的形式决定了当用户提交查询之后，早期并没有可供分类器学习的样本可以利用，无法保证初始分类面的准确性。而在线学习方式使得累积到足够多的学习样本的时间很长，这意味着在较长的一段时间内当前分类面并不十分准确。不准确的分类面极大地增加了误判率，很多相关微博被误判为不相关微博。

基于检索模型的方法将微博过滤看作是一个检索任务。一般地，这些方法将微博与查询的相关度得分及给定的阈值进行比较来完成决策，但主要问题在于即使获得足够多的训练样本，也无法保证当前决策的最优性。

基于分类模型和基于检索模型的两种微博过滤方法从微博过滤的两个方面的特性出发来解决微博过滤的问题。一些研究尝试着将上述两种建模方法融合，但实验结果显示，这些融合方法尚未取得性能上的显著提升。其原因在于大部分的融合将检索模型和分类模型串行处理，彼此之间并没有真正协同工作，如何在微博过滤中将检索模型和分类模型融合依然有待于进一步探索。

研究中我们注意到，不论是基于检索模型的微博过滤方法还是基于分类模型的微博过滤方法，都仅关注了微博自身的信息，而忽略了历史微博的信息。这里的“历史微博”是指在当前时刻之前发布的微博。历史微博之间存在两种重要的信息：与查询相关的历史微博之间的排序信息及时间近邻性。这两种重要的信息为微博的过滤提供了先验知识：对于基于检索模型的过滤方法而言，历史微博的排序信息有助于在实时过滤环境下快速地确定合理的阈值；对于基于分类模型的过滤方法而言，时间近邻性有助于更准确地确定相关微博，从而有利于分类面的动态调整，缓解分类面不准确的问题。

利用历史微博的排序信息和时间近邻性，本章提出了基于历史微博的微博实时过滤模型的框架，利用历史微博信息融合检索模型和分类模型。具体地，该框架将历史微博中的排序信息及时间近邻性应用在检索模型中构建先验知识，并利用该先验知识动态调整分类模型的分类面。进一步，本章以语言模型和逻辑回归模型为例，实现了该框架的一个实例，并给出了具体的参数估计方法。

由于每个微博是否为相关微博的先验知识不同，因此本章提出的通过先验知识来调整分类面的方法使得过滤器用于判断每个样本时所使用的分类面是不同的，这是本章模型与传统基于分类模型的微博过滤模型最大的不同。

基于历史微博的微博实时过滤模型在 TREC 2012 微博过滤数据集上进行了实验。实验结果表明，本章所提出的微博实时过滤模型的性能优于多个先进的微博过滤模型及 TREC 2012 微博过滤评测中最好的方法。

本章的余下部分组织如下：5.2 节分析了微博过滤任务及历史微博特性；

5.3 节提出了基于历史微博的微博实时过滤模型框架及其实例；5.4 节给出了在 TREC 2012 微博过滤数据集上的实验结果和分析；最后对本章工作进行了总结。

5.2　微博实时过滤任务及历史微博分析

本节给出了微博实时过滤任务，并分析了历史微博中含有的两种信息：排序信息与时间近邻性。

5.2.1　微博实时过滤任务

与以往的信息检索任务不同，在微博检索中，在用户发出查询后的瞬间，又有大量的新微博到来，这其中也可能包含与用户检索需求相关的微博，因此，在利用传统的检索技术对用户提交查询之前发布的微博进行检索之外，还应该能够将用户提交查询之后发布的微博与用户查询相关的微博展示给用户。即一个满足用户信息需求的微博系统，不仅能够对历史微博数据进行检索，还应具有对查询提交后到来的微博一一判断其与查询的相关性的能力。图 5－1 给出了微博过滤流程图。

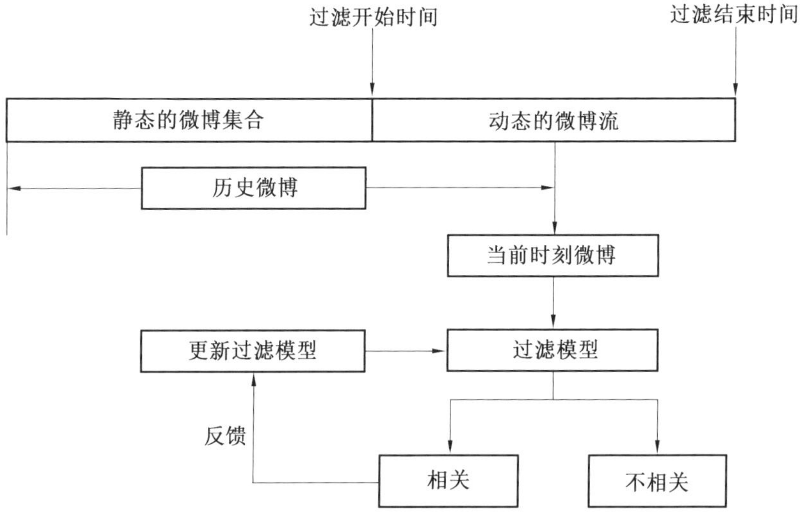

图 5－1　微博过滤流程图

如图5－1所示，微博集合是一个随着时间的推移由持续的微博流构成的集合。以用户提交查询的时刻作为分界，微博可以分为两部分：一部分是在查询提交时间之前的微博集合，可以将其视为一个静态的微博集合；另一部分是查询提出时间之后发布的微博流，这部分微博是随时间不断动态增长的微博的集合。微博过滤的任务是逐一判定当前微博是否是与用户查询相关的微博。

对于当前时刻的微博而言，在它之前发表的微博，本节将其称之为历史微博。以往研究在判定当前微博是否是相关微博时，忽视了历史微博的重要信息。

当过滤系统将当前时刻的微博判为相关微博后，这条微博会展示给用户。如果用户点击了展示给用户的微博，则过滤系统获得用户的反馈信息，将这条微博作为真正与用户需求相关的微博。如果用户没有点击这条微博，则这条微博将被判为不相关微博。由于过滤系统不会将不相关微博展示给用户，因此也不会获得任何用户的反馈信息。这意味着只有过滤系统判为相关的微博可以获得用户的反馈信息，这种反馈的方式称为单边反馈。

上述微博过滤的过程可以描述如下：设 L 是过滤器，D 是样本空间 $X=\mathbb{R}^d$ 上的一个分布，x_i 是一个样本，反馈 T 返回 x_i 的标签 y_i，假设函数为 $h(\cdot)$：$\mathbb{R}^d \to \{-1,1\}$。给定一个样本 x_i，过滤器 L 通过 $h(x_i)$ 预测给定样本的标签。根据反馈 T 更新假设函数 $h(\cdot)$。则对一个样本的更新过程如下：

(1) 样本 x_i 来自于分布 D。

(2) L 用 $h(x_i)$ 预测每个 x_i 的标签。

(3) 如果 $h(x_i)=1$，那么 T 返回 x_i 的标签 y_i，L 可以使用 (x_i, y_i) 更新它的假设函数 $h(\cdot)$。

(4) 如果 $h(x_i)=-1$，则过滤器 L 不能获得 x_i 的标签 y_i。

从形式上看，上述过程更像是一个分类任务。一些方法将微博过滤看作是一个文本分类问题，利用从特征空间学习到一个分类平面，将微博分为相关微博和不相关微博。然而，这类方法在微博过滤任务中的性能并不理想。根据TREC 2012微博过滤任务的评测结果，基于传统文本分类的方法，如逻辑回归、在线SVM等都没有取得好的过滤效果。

影响基于分类模型的微博过滤方法的主要原因在于，在在线学习的过程中，分类面的准确度是逐渐提升的，早期不准确的分类面降低了过滤器的性能。在微博过滤的早期阶段，提供给过滤系统的只有少量的训练数据（过滤的初始阶段,系统只提供查询和一条并不保证相关度很高的微博)。此时,过少的训练数据使分类器无法进行有效学习,这导致初期分类面的误差较大。另外,由于单边反馈问题,被分类面划分到不相关一侧的样本无法获取标签,更使得可用的训练数据大幅度减少,从而系统较难快速地获得一个较为有效的分类面。

此外,由于只有判为正例的样本才能得到反馈,错误驱动的分类器在这种单边反馈条件下会一直向正例的方向移动。虽然有研究利用间隔(Margin)信息将分类面反例一侧的样本故意判为正例,以获取更多样本的标签,但故意判错会造成性能上的损失。Karimi 等人尝试着通过构建更多的训练样本来学习更准确的分类面,Liang 等人尝试通过合并两个分类模型来获得更好的决策。然而,实验结果表明,这些提高分类面准确度的方法并没有使微博过滤的性能取得明显提升。如何在微博实时过滤任务中提高分类面的准确度还有待于进一步探索。

本节认为,上述方法只关注了如何利用当前微博的信息,而忽视了历史微博的两个重要信息:排序信息和时间近邻性。下面将对历史微博的这两个信息做出分析。

5.2.2　历史微博的排序信息

微博过滤任务的目标是获得查询发出后新产生的微博流中与给定用户查询相关的文档,本节称之为查询相关性。微博过滤任务与传统的过滤任务的一个显著区别在于微博过滤是一个与特定查询相关的在线过滤任务,查询相关性使这个任务既具有在线过滤的特点,也符合检索任务的特点。

研究者注意到了微博过滤的查询相关性,并将这种查询相关性应用在微博过滤中。比如,在大多数基于检索模型的微博过滤方法中,查询相关性用微博与查询的相关度得分表示,该得分被作为与过滤阈值比较的依据,相关度得分越低,该微博被过滤掉的可能性越大。在应用分类模型的微博过滤中,微博与查询的相关性常被作为分类模型的一个重要特征。然而,上述这些方法在微博过滤中并没有获得令人满意的性能,其中一个主要原因在于这些方法对查询相关性的利用还局限在只考虑单个微博与查询的相关性的基础上,这意味着至少两方面的信息被忽略:① 每个微博的信息仅被利用了一次,相关微博没有为过滤器的学习贡献更多的信息；② 微博被当作独立的个体看待，没有考虑整体上的相关性排序，即在排序中位置越靠前，越可能是相关微博这一重要信息被忽略。

5.2.3　历史微博的时间近邻性

前面几章的研究显示，相关微博具有显著的时间特性。在微博过滤中，时间特性表现为相关微博的近邻性，即与查询相关的微博在时间上的分布是不均匀的，在时间上呈现近邻性。图 5－2 以 TREC 2012 微博过滤的三个查询 29、30 和 37 为例，描述了检索到的文档和相关文档在时间上的分布，时间以天为单位，0 为微博集合中最新的微博的时间，主题号标注在时间轴的右侧，较大点为相关文档，较小点为不相关文档，柱形图展示了相关文档的数目。

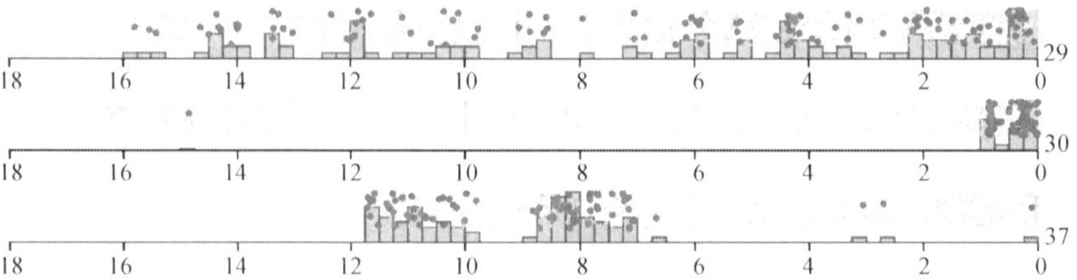

图 5－2　微博过滤中微博的时间分布

从图 5－2 可以看出，不相关微博在时间轴上分布相对均匀，而相关微博则相对集中。微博过滤是从图中左侧开始，逐个微博判断其相关性一直到达右侧结束。注意到在一些时间段上并没有相关微博存在。对于这样的时间段，最理想的过滤策略是将所有的微博判为不相关微博，而对于只有少量相关微博的时间段，则可以考虑将阈值或者分类面向正例一侧移动，以保证不会将太多的微博判为相关微博，从而引起损失。要实现这一策略的关键问题在于如何估计相关微博在时间上的分布。

尽管第 4 章的方法可以估计相关微博在时间上的分布，但这个方法无法直接应用到微博过滤中。这是因为，在微博检索中，由于全部待检索文档集合是静态的，全部的微博都是已知的，因此可以利用这些全局信息来估计相关微博在时间上的分布。而在微博过滤中，由于微博文档集合是动态增长的，当前时间点之后发布的微博集合对于当前时间点是不可见的。因此，过滤系统无法在整个微博集合上估计这个时间分布。

尽管微博过滤无法获知微博的整体，但微博过滤的一个优势是部分相关微博是已知的。第 3 章的文档时间近邻性表明，相关微博附近存在着较多的相关微博。第 4 章对时间近邻性的进一步分析表明：相关微博具有时间影响力。当一个相关微博在 t_m 时刻出现时，在 t_m 附近还会有更大的可能性出现其他相关微博，并且随着时间的推移，相关微博出现的可能性将逐渐降低。这个重要的时间特性被微博过滤模型所忽视。

根据以上分析，本章根据历史微博的排序信息和时间近邻性来估计微博与查询是否相关的先验知识，并利用这个先验知识调整分类模型的分类面，提出一个基于历史微博的微博过滤模型。

5.3　基于历史微博的微博过滤模型

5.3.1　基于历史微博的微博过滤模型的总体框架

在基于分类方法的微博过滤中，分类模型通过在特征空间中学习到的一个超平面来区分相关微博和不相关微博。一个典型的线性分类模型可以表示为

$$h(x)=\boldsymbol{w}^{\mathrm{T}}\boldsymbol{x}+b \qquad (5-1)$$

式中，$h(\cdot)$ 为分类模型的假设函数；$\boldsymbol{x}$ 是特征向量；$\boldsymbol{w}$ 是 $\boldsymbol{x}$ 的权重向量；b 是一个偏置(Bias)。为了容纳一些其他形式的线性模型(例如逻辑回归)，假设函数 $h(\cdot)$ 可以泛化地表示为

$$h(x)=f(\boldsymbol{w}^{\mathrm{T}}\boldsymbol{x}+b) \qquad (5-2)$$

式中，$f(\cdot)$ 为一个函数；$\boldsymbol{w}^{\mathrm{T}}\boldsymbol{x}+b=0$ 描述了当前的分类面。

在机器学习中，分类模型的优点在于，当训练数据时充足时可以学习到一个优化的分类面。但在微博过滤这个在线学习任务中，如 5.2 节的分析，基于分类的方法很难快速地学习到一个准确的分类面。

在公式(5－2)所定义的分类模型中，现有的学习方法用 $t-1$ 时刻学习到的分类面来判断 t 时刻的微博是否是相关微博。由于在过滤的初始阶段并没有足够多的训练数据供分类模型学习，因此，在较长一段时间内，分类模型无法获得一个较准确的分类面来过滤当前微博。另外，由于微博过滤的单边反馈问题，被误判的相关微博无法获得用户反馈，这更加大了分类模型学习的难度。

5.2 节分析的排序信息和时间近邻性从一定程度上反映了微博与查询是否相关的先验。为使分类面更准确，本节提出利用这种先验知识来调整分类面。

设样本 m 是否是相关微博的先验知识为 $g(\cdot)$，当前的分类面是 $\boldsymbol{w}^{\mathrm{T}}\boldsymbol{x}+b=0$。当 $g(\cdot)>0$ 时，表明样本 m 与查询的相关度较高且周围的相关微博较多，此时应该将分类面向反例方向移动，从而使该样本更倾向于被判为正例；当 $g(\cdot)<0$ 时，表明由于查询相关性，这个样本更可能是不相关微博的样本，因此调整分类面，使其向正例方向移动，从而使该样本更倾向于被判为反例。在判断 m 是否为相关微博之前，首先根据先验知识 $g(\cdot)$ 动态的调整分类面，获得新的分类面 $\boldsymbol{w}^{\mathrm{T}}\boldsymbol{x}+b+g(\cdot)=0$，利用这个新的分类面来判定 m 是否与查询 q 相关。

与传统的分类模型不同，由于每个微博是否为相关微博的先验知识不同，因此本节所提出的过滤器用于判断每个样本时所使用的分类面是不同的。

上述思想可以表示为

$$h(\boldsymbol{x},m,t,q)=f[(1-\delta)\times(\boldsymbol{w}^{\mathrm{T}}\boldsymbol{x}+b)+\delta\times g(m,t,q)] \quad (5-3)$$

式中，微博 m 是否为相关微博的先验基于当前微博的发布时间 t 及查询 q 获得，在公式(5－3)中记为 $g(m,t,q)$，其估计方法将在 5.3.2 节详细描述；δ 用来控制 $g(m,t,q)$ 对分类面影响的大小。为了后面的讨论更简洁，将忽略此参数，该参数的影响将在 5.4.2 节做进一步的分析。

$\boldsymbol{w}^{\mathrm{T}}\boldsymbol{x}+b=0$ 表示当前的分类面，$g(m,t,q)$ 用来动态调整分类面得到新的分类面 $\boldsymbol{w}^{\mathrm{T}}\boldsymbol{x}+b+g(m,t,q)=0$。移动的方向由 $g(m,t,q)$ 的符号决定，移动的距离由 $g(m,t,q)$ 的绝对值决定，$g(m,t,q)$ 对分类面的影响程度由参数 δ 控制。由于先验知识将基于历史微博信息构建，因此本节将公式(5－3)确定的模型称为基于历史微博的微博实时过滤模型。

图 5－3 给出了基于历史微博的实时过滤模型的基本思想。其中圆圈表示正例，菱形表示反例，图圈的大小表示 $|g(m,t,q)|$。对于正例，图形越大，表示相关度越高；对于反例，图形越大，表示相关度越低。虚线表示当前由 $\boldsymbol{w}^{\mathrm{T}}\boldsymbol{x}+b=0$ 确定的分类面，实线表示经过 $g(m,t,q)$ 修正的分类面 $\boldsymbol{w}^{\mathrm{T}}\boldsymbol{x}+b+g(m,t,q)=0$。

图 5－3(a) 表示已知全部过滤数据下的一个有效分类面。图 5－3(b) 是在少量样本下学习到的分类面。通过与图 5－3(a) 对比，可以看出图 5－3(b) 是

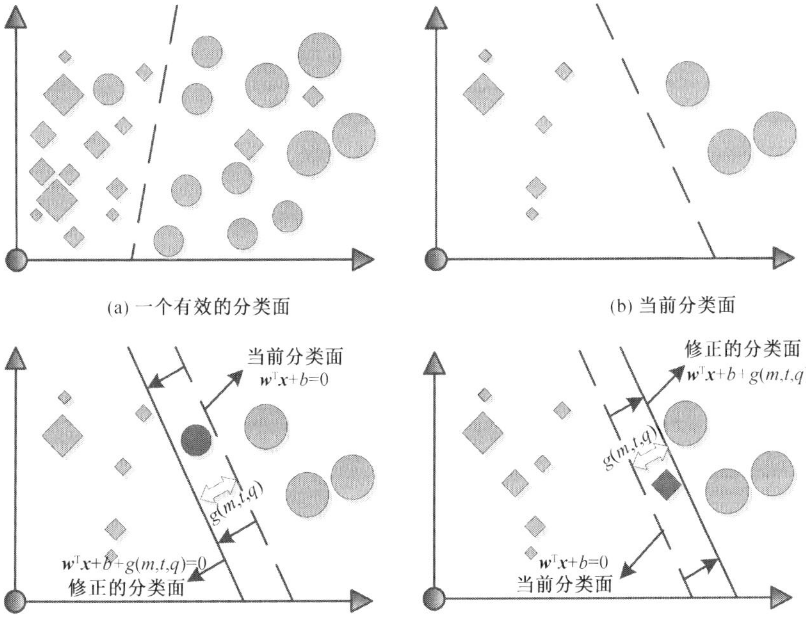

(a) 一个有效的分类面　　(b) 当前分类面

(c) 一个具有高相关度得分的微博　　(d) 一个具有低相关度得分的微博

图 5－3　在线微博过滤模型分类面的修正

一个并不十分有效的分类面，靠近分类面的样本不确定性较大，容易发生误判。图 5－3(c)、(d) 给出了两个误判的例子。

在图 5－3(c) 中，深黑样本具有较高的先验为正例，它接近当前分类面，位于反例的一侧，如果不对分类面进行修正，应用当前分类面分类该样本，则它会被判为反例。其后果是系统在单边反馈的方式下无法获得该样本的反馈信息。此时，当前分类面不会变化。而通过 $g(m,t,q)$ 调整分类面之后，可以正确地做出决策。通过先验知识发现，该样本可能为一个正例样本，则微博过滤模型将向反例方向平移分类面，从而增加该样本被判为正例的机会。

在图 5－3(d) 中，深黑样本是一个具有较低相关度得分的不相关微博，它接近分类面但位于正例一侧，如果应用当前分类面分类该样本，则它会被判为正例。在微博过滤中，被判为正例的样本将展示给用户。当该样本展示给用户的时候，用户的反馈标记该样本为不相关微博，即过滤系统发生了误判。此时，分类器对该样本进行学习，分类面将向正例方向移动以增加该样本被判为反例的机会。对于这类误判的样本，分类面将始终向正例方向移动。但是，如果首先应用 $g(m,t,q)$ 进行判断，发现该样本可能为一个反例样本，则可以使在线微博过滤模型向正例方向平移分类面，从而增加该样本被判为反例的机会。通过应用先验知识的方式，可以实现 $g(m,t,q)$ 对分类面的调整，从而做出更准确的决策。

5.3.2　基于历史微博的相关度先验估计

在公式(5－3)的微博过滤模型中，$g(m,t,q)$ 用于表示当前样本是否为相关微博的先验知识。本节利用历史微博的排序信息和时间近邻性，借鉴基于检索模型的微博过滤方法估计 $g(m,t,q)$。图 5－4 展示了微博过滤中基于检索模型的微博实时过滤方法。

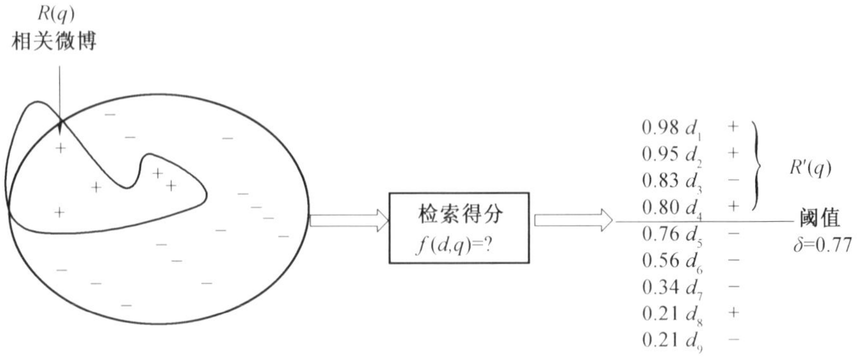

图 5－4　基于检索模型的微博实时过滤方法

基于检索模型的方法中，首先利用检索模型计算微博与查询的相关度得分，并根据相关度得分排序微博，然后选取一个阈值，将大于阈值的微博判为相关微博。在基于检索模型的微博过滤中，一条微博与查询的相关性判定可以形式化地表示为

$$\mathrm{rel}(q,m)=\begin{cases}1, & \mathrm{sim}(q,m)>\gamma \\ 0, & \text{其他}\end{cases} \tag{5－4}$$

式中，q 为查询；m 为待判断的微博；$\mathrm{sim}(q,m)$ 为查询 q 与微博 m 的相关度得分；γ 为一个阈值，用于与 $\mathrm{sim}(q,m)$ 比较。如果查询 q 与微博 m 的相关度得分大于该阈值，则微博 m 被认为是与查询 q 相关的。

借鉴基于检索模型的微博过滤模型，将相关微博的先验估计为

$$g(m,q,t)-\mathrm{sim}(m,q)-\gamma(t) \tag{5－5}$$

与以往基于检索模型的微博过滤方法阈值 γ 主要根据用户反馈调整的方法不同,公式(5－5)中的 $\gamma(t)$ 表示 t 时刻检索模型的阈值,是一个随时间变化的变量。

在以往基于检索模型的微博过滤方法中,阈值 γ 的确定忽略了历史微博的排序信息和时间近邻性,即没有考虑历史微博中与查询相关的微博的整体信息。本节认为,在微博过滤中,微博是随时间源源不断到来的,相关微博不断增加,通过排序信息更容易确定阈值。

假设相关微博与查询的相关度得分高于不相关微博得分,已知当前时刻之前有 n 个相关微博,则理想的 $\gamma(t)$ 就是排序在第 n 位微博的得分,即

$$\gamma(t) = \text{sim\_kth}[\text{NRM}(t)] \tag{5－6}$$

式中,$\text{NRM}(t)$ 为 t 时刻的相关微博数量;$\text{sim\_kth}(\cdot)$ 为 t 时刻历史微博中排在第 n 位的微博与查询的相关度得分。

对于公式(5－6),预测 $\text{NRM}(t)$ 是一个关键性问题。如果所有的微博都可以获得反馈信息,则当一个相关微博出现时,当前的 $\text{NRM}(t)$ 设为上一时刻的值加 1 即可。然而在微博实时过滤环境下,只有展现给用户的微博才能够获得反馈信息。也就是说,如果一个相关微博被过滤器误判为不相关,则过滤器无法获知用户的反馈信息。这意味着,过滤器无法准确地获知究竟有多少微博是相关微博。

微博检索的研究表明,相关微博在时间上具有近邻性,这一特性有助于提高微博检索的性能。然而,这些基于时间的微博检索方法无法直接应用到微博过滤中。因为微博的过滤是实时的,需要对微博进行一一判定,当前时刻之后发布的微博是未知的。因此,无法在整个微博集合上估计相关微博的时间分布。

相关微博的近邻性表示在一个相关微博附近存在着较多的相关微博。这意味着当一个相关微博在 t_m 时刻出现时,则在 t_m 附近还会有更大的可能性出现其他相关微博。也就是说 $\text{NRM}(t)$ 不应该简单地增加 1,距离 t_m 越近,下一时刻的 $\text{NRM}(t)$ 应该增加得越多,并且随着时间的推移,相关微博出现的可能性将逐渐降低。本文假定这种相关微博出现的可能性符合指数分布,即

$$\Delta\text{NRM}(t,t_m) = \lambda e^{\frac{-(t-t_m)^2}{2\varphi^2}} + 1 \tag{5－7}$$

式中,t_m 为相关微博 m 的发布时间(以秒计);t 为当前时间(以 s 计);λ 和 φ 均

为待估计的参数。φ 用于控制时间近邻的影响范围，λ 用于控制时间近邻的影响程度。公式(5－7)显示，ΔNRM 大于 1 且随时间流逝而逐渐变小。

在时间点 t 上，NRM(t)表示所有已知的相关微博的数量，即

$$\mathrm{NRM}(t)=\mathrm{NRM}_0+\sum_{m\subset R}\Delta\mathrm{NRM}(t,t_m) \tag{5-8}$$

式中，R 为通过反馈获得的相关微博的集合；NRM_0 为初始相关微博数量，其值为常数，将通过实验确定。

根据公式(5－7)和公式(5－8)，定义时刻 t 的阈值为

$$\gamma(t)=\mathrm{sim\_kth}\{\mathrm{NRM}_0+\sum_{m\subset R}[\lambda\mathrm{e}^{\frac{-(t-t_m)^2}{2\varphi^2}}+1]\} \tag{5-9}$$

利用公式(5－9)，则微博 m 的先验可以估计为

$$g(m,q,t)=\mathrm{sim}(q,m)-\mathrm{sim\_kth}\{\mathrm{NRM}_0+\sum_{m\subset R}[\lambda\mathrm{e}^{\frac{-(t-t_m)^2}{2\varphi^2}}+1]\} \tag{5-10}$$

5.3.3　基于历史微博的微博过滤模型实例

本节以逻辑回归模型作为过滤器中的分类模型，以语言模型作为利用微博历史信息获得当前微博先验知识的检索模型，给出一个 5.3.2 节描述的微博过滤模型框架实例。

1. 基于逻辑回归的分类模型

研究表明，逻辑回归(Logistic Regression，LR)模型是性能表现最好的在线学习模型之一，与同样性能较佳的 SVM 模型相比，LR 模型的时间和空间复杂度明显低于 SVM 模型。鉴于以上因素，为适应微博在线过滤任务对参数更新算法的要求，本节选择逻辑回归模型作为公式(5－3)中的分类模型。

逻辑回归模型可以被描述为一个线性模型，其定义为

$$f(w,x)=\frac{1}{1+\mathrm{e}^{-(\boldsymbol{w}^{\mathrm{T}}\boldsymbol{x}+b)}} \tag{5-11}$$

式中，$\boldsymbol{x}$ 为微博的特征向量；$\boldsymbol{w}$ 为特征的权重向量；b 为偏置。在微博过程过滤中，以微博中的词作为特征。

2. 基于语言模型的先验知识

本节以语言模型作为检索模型，估计公式(5－3)中查询与微博相关度的

先验知识。在微博过滤环境下，应用典型的语言模型，查询及微博分别被建模为查询语言模型 θ_q 和微博语言模型 θ_m。应用 KL 距离度量查询语言模型 θ_q 和文档语言模型 θ_m 的相关度，本节应用 KL 距离计算公式(5－3) 中查询与微博的相关性 sim(q,m)，将 sim(q,m) 定义为

$$\mathrm{sim}(q,m)=\mathrm{KL}(\theta_q,\theta_m)=\sum_{w\subset V}P(w\mid\theta_q)\log\frac{P(w\mid\theta_q)}{P(w\mid\theta_m)} \quad (5-12)$$

式中，V 为整个词汇表；w 为 V 中的词项；$P(w\mid\theta_q)$、$P(w\mid\theta_m)$ 分别为 w 在查询语言模型 θ_q 和文档语言模型 θ_m 中的分布。

$P(w\mid\theta_m)$ 通常采用最大似然估计，使用平滑技术解决数据稀疏问题。本节使用 JM 平滑方法来平滑微博语言模型，即

$$p(w\mid\theta_m)=(1-\lambda)p(w\mid m)+\lambda p(w\mid C) \quad (5-13)$$

式中，$p(w\mid m)$ 为 w 在微博 m 中出现的概率；$p(w\mid C)$ 为 w 在文档集合上出现的概率。

θ_q 为查询语言模型，代表的是用户的兴趣。为了解决微博中用户查询短的问题，$P(w\mid\theta_q)$ 的估计通常采用原始查询的最大似然估计与查询扩展模型 θ_{qe} 结合，一般形式为

$$P(w\mid\theta_q)=(1-\lambda)P_{\mathrm{ml}}(w\mid q)+\lambda P(w\mid\theta_{qe}) \quad (5-14)$$

对于 θ_{qe}，本节使用相关模型估计。在相关模型中，查询词的生成看作是从一个相关模型中抽样出来的，即

$$P(w\mid\theta_{qe})\propto\sum_{m\in R}P(w\mid\theta_m)P(m\mid\theta_R) \quad (5-15)$$

式中，R 表示相关微博，采用伪相关反馈获得。

3. 过滤模型的参数估计

将公式(5－10)、公式(5－11) 和公式(5－12) 代入公式(5－3)，则基于历史微博的微博过滤模型框架的一个实例可以表示为

$$h_{w,b,\gamma,\delta}(x,\theta_m,\theta_q)=\frac{1}{1+\mathrm{e}^{-[(1-\delta)\times(\boldsymbol{w}^{\mathrm{T}}\boldsymbol{x}+b)]+\delta\times[\mathrm{KL}(\theta_q,\theta_m)-\gamma(t)]}} \quad (5-16)$$

式中，δ 用来控制语言模型的影响大小；$\boldsymbol{x}$ 为微博 m 的特征向量；$\boldsymbol{w}$ 为 $\boldsymbol{x}$ 的权重向量；b 为偏置；KL(θ_m,θ_q) 为是微博和查询语言模型的 KL 距离；$\gamma(t)$ 的定义如公式(5－9) 所示。公式(5－16) 中，其中，分类模型由逻辑回归实现，检索模型由语言模型实现。

对于参数 w 和 b，采用如下策略估计。首先，定义损失函数为

$$L(w,b)=-\frac{1}{n}\sum_{i=1}^{n}\text{cost}[h_{w,b,\gamma,\delta}^{(i)}(x^{(i)},\theta_m^{(i)},\theta_q),y^{(i)}] \qquad (5-17)$$

式中

$$\text{cost}[h_{w,b,\gamma,\delta}(x,\theta_m,\theta_q),y]=-y\log[h_{w,b,\gamma,\delta}(x,\theta_m,\theta_q)]-(1-y)\log[1-h_{w,b,\gamma,\delta}(x,\theta_m,\theta_q)] \qquad (5-18)$$

在参数训练时，使用梯度下降法来最小化损失函数 $L(w,b)$ 以估计参数 w 和 b。对于每一个训练样例 $(x^{(i)},y^{(i)})$，w 和 b 将按照下面的公式更新：

$$w=w+\alpha*(1-\delta)\times[y^{(i)}-h_{w,b,\gamma,\delta}(x^{(i)},\theta_m^{(i)},\theta_q)]\times x^{(i)} \qquad (5-19)$$

$$b=w+\alpha*(1-\delta)\times[y^{(i)}-h_{w,b,\gamma,\delta}(x^{(i)},\theta_m^{(i)},\theta_q)]\times b \qquad (5-20)$$

其实现算法描述如下：

算法 5－1　基于历史信息的微博过滤算法

```
Input:特征权重 w,偏置 b,逻辑回归函数 f,学习速率 α,微博 x,
Output:relevant x
Initialization:初始化 w ← 0,b = 0

repeat
    x ← next
    calculate NRM      (5－8)
    calculateγ         (5－9)
    calculate g        (5－10)
    calculate h        (5－16)
    if h > 0.5 output x
    if x is irrelevant
        update w,b     (5－19),(5－20)
end
```

5.4　实验与分析

5.4.1　实验设置

1. 实验数据

本节在 TREC 2012 微博过滤任务的数据集上验证了基于历史微博的微博实时过滤模型的性能。TREC 2012 微博过滤数据集使用了 TREC 2011 微博检索的数据集。该数据集的组成及预处理参见 2.4 节。

TREC 2012 微博实时过滤任务的训练数据集合由 10 个查询（1、6、11、16、21、26、31、36、41、46）组成，其余 38 个查询作为测试数据。每个查询由查询词、查询开始时间及查询结束时间组成。开始时间标记了第一个已知相关微博的发布时间，结束时间标记了最后一个已知相关微博的发布时间。

根据微博过滤任务的设置，对于每一个查询，数据集被分为独立的三个部分：查询开始时间之前发布的微博；查询开始时间与查询结束时间之间发布的微博；查询结束时间之后发布的微博。其中，在查询开始时间之前发布的微博被用作静态历史微博数据，本节用其进行查询扩展和平滑语言模型，并使用静态历史微博和第一条相关微博来初始化过滤模型。根据 TREC 微博过滤评测的设置，查询开始时间与查询结束时间之间的微博被用作过滤数据集，查询结束时间之后的微博被忽略。

2. 基线方法和模型训练

实验中，将本节提出的基于历史微博的微博实时过滤模型标注为 HMFM(History Microblog-based real-time Filtering Model)。实验选取基于语言模型的方法和基于逻辑回归模型的方法作为基本的基线方法，分别标注为 LM 和 LR，即当公式(5－16) 中 $\delta=0$ 时的结果用 LR 标注，当 $\delta=1$ 时的结果标注为 LM。同时选择了以下五个先进的基于分类或基于检索的微博过滤模型作为基线方法：

(1)Rocchio。Rocchio 表示应用经典的 Rocchio 方法实现微博过滤任务的结果，详见文献[83]。

(2)SVM。SVM 表示应用 SVM 方法实现微博过滤任务的结果，详见文献[84]。

(3)TSFM。TSFM 尝试着串行组合了基于分类的 SVM 和基于检索模型的 LM 方法。在该方法中，过滤器保留了经分类模型 SVM 判定为相关的且经检索模型 LM 判断为相关的那些微博作为过滤系统的相关微博。

(4)SVMQE。Karimi 等人通过语言模型增加正例的数目的方式来训练 SVM 模型。对于每一个查询，他们使用语言模型检索到的微博排序列表的前 n 个微博作为相关微博，并且利用这些相关微博来训练一个基于 SVM 的过滤器。

(5)HMFM_F。HMFM_F 是本节所提 HMFM 方法中利用历史微博信息构建的先验 $g(m,t,q)$ 当作一个特征。

(6)RSBF。RSBF 作为本章的强基线方法，是 TREC 2012 微博过滤评测中，在评价指标 T11SU 上获得了最高得分的模型。该模型是作者所在研究小组在评测时所使用的过滤模型。RSBF 在语言模型框架下，实现了基于微博内容和链接网页的微博过滤模型，最终的过滤结果为经基于内容的过滤器判为相关的微博和基于 URL 的过滤器判为相关的结果的交集。RSBF 本质上是本章所提过滤模型的一个简化版本。

实验中各个参数设置见表 5－1。其中，语言模型的平滑系数、查询扩展的反馈文档数和反馈词数参考文献设置，逻辑回归模型的学习速率依据参考文献[101]设置。基于历史微博的过滤模型的各个参数基于训练数据训练获得。

表 5－1　实验参数设置

公式	参数	描述	参考文献
(5－13)	$\lambda=0.5$	应用 JM 平滑方法平滑系数	[35]
(5－15)	反馈文档数 20	反馈文档数	[44]
(5－15)	反馈词数 20	反馈词数	[44]
(5－14)	$\lambda=0.8$	查询扩展的权重	[44]
(5－19)	$\alpha=0.02$	LR 的学习速率	[101]
(5－8)	NRM0 = 1	NRM 的初始值	训练数据上优化
(5－7)	$\lambda=1$	时间近邻的影响程度	训练数据上优化
(5－7)	$\varphi=1\ 200$	时间近邻的影响范围	训练数据上优化
(5－3)	$\delta=0.4$	$g(m,t,q)$ 的影响程度	训练数据上优化

3. 评价指标

TREC 2012 微博过滤任务使用 T11SU 和 $F_{0.5}$ 作为主要评价指标，使用 precision 和 recall 作为参考评价指标。

T11SU 是一个 TREC 过滤评测的常用指标，它的取值主要由一个线性效用函数(Linear Utility Function)T11U 决定。对于 T11U，如果过滤系统将一个相关微博展示给用户将获得 2 倍的奖励，将一个不相关微博展示给用户将获得 1 倍的惩罚，T11U 的计算公式为

$$\text{T11U}=2\times\text{TP}-\text{FP} \tag{5-21}$$

式中，TP 为将相关微博判为相关微博的数目；FP 是将不相关微博判为相关微博的数目。

为了不同的查询之间可以更好地进行比较，TREC 对 T11U 使用最大－最小归一化函数进行归一化，将归一化的结果用 T11SU 表示为

$$\text{T11SU}=\frac{\max(\text{NormU},\text{MinNU})-\text{MinNU}}{1-\text{MinNU}} \tag{5-22}$$

式中，MaxU 为理论上 T11U 的最大值；MinU 根据 TREC 评测中的要求被设置

为－0.5：

$$\mathrm{MaxU} = 2 \times \mathrm{totalrelevant} \quad (5-23)$$

$$\mathrm{MinNU} = -0.5 \quad (5-24)$$

$$\mathrm{NormU} = \mathrm{T11U}/\mathrm{MaxU} \quad (5-25)$$

归一化将 T11SU 的取值设定在 0 与 1 之间。如果过滤系统将所有的样本都判为反例，则 T11SU＝1/3。这意味系统过滤掉了所有微博，即不向用户展示任何新发布的微博。此时，过滤系统既没有提高用户的效率也没有浪费用户的时间，故将 T11SU＝1/3 称为“zero effort”基线值。

$F_{0.5}$ 是基于 F_β 评价指标定义的，F_β 是一个衡量精确率和召回率的函数，其定义为

$$F_\beta = (1+\beta^2)\frac{\mathrm{precision} \times \mathrm{recall}}{\beta^2 \times \mathrm{precision} + \mathrm{recall}} \quad (5-26)$$

式中，参数 β 用于衡量公式中每个部分的权重。当 $\beta = 0.5$ 时，F_β 更关注精确率。

5.4.2 实验结果及分析

1. 实验结果

表 5－2 给出了测试数据上本文方法和基线方法的实验结果，表中 HMFM 表示本文提出的基于历史微博的实时过滤模型。表 5－2 表明，在过滤的早期阶段，过少的训练数据影响了基线方法 LR 和 LM 的性能。尽管对于 SVMQE 来说，其性能通过利用检索模型的结果增加训练数据的方法获得了一定的提升，而 TSFM 通过组合 SVM 和 LM 的结果性能较基本的 LM 和 LR 方法也有了一定的提升，将历史微博构建的先验作为特征为带来更大的提升，主要是这些组合检索模型和分类模型的方法本质上并没有解决早期分类面不准确的问题，因此其性能的改善并不明显。

与 TSFM 和 SVMQE 不同，本节提出的 HMFM 通过使用历史微博提供的先验知识纠正分类面。实验结果表明，本节提出的 HMFM 显著优于两个基线方法 LR 和 LM，且优于 TREC 2012 微博过滤在 T11SU 指标上取得第一的方法 RSBF。但是，与 RSBF 相比，HMFM 具有更多的优势：在 RSBF 中，过滤器需要利用微博包含的 URL 链接所指向的网页信息（系统开销比较大），而 HMFM 不

需要这些额外的外部资源。为了进一步对比，在 HMFM 采用同样的方式引入了 URL 信息，用 HMFM＋URL 表示。实验结果表明，在使用同样信息的情况下，HMFM 在主要评价指标上显著优于 RSBF。

表 5－2　微博实时过滤实验结果

模型	T11SU	$F_{0.5}$	precision	recall
LR	0.098 0	0.081 0	0.082 0	0.343 0
LM	0.409 0	0.316 0	0.392 0	0.266 0
SVM	0.322 0	0.158 0	0.195 0	0.221 0
Recchio	0.362 0	0.344 0	0.421 0	0.337 0
TSFM	0.342 4	0.272 2	0.396 3	0.230 0
SVMQE	0.344 8	0.263 1	0.478 1	0.142 7
HMFM_F	0.393 0	0.316 0	0.408 0	0.226 0
RSBF	0.412 0	0.333 0	0.622 0	0.174 0
HMFM	$0.4450^{*+\$}$	0.3580^{*+}	0.4570^{*+}	$0.2600^{\#}$
HMFM＋URL	$0.4590^{*+\#}$	$0.3960^{*+\#}$	0.6430^{*+}	$0.2440^{\#}$

注：显著性检验采用 T 校验（pair T－test）。“＊”表示显著优于 LR（$P<0.01$），“＋”表示显著优于 LM（$P<0.05$），“$”表示显著优于 RSBF（$P<0.07$），“#”表示显著优于 RSBF（$P<0.05$）。

2. 参数的影响

图 5－5 展示了参数 δ 对基于历史微博的微博实时过滤模型的影响。当 $\delta=0$ 时，基于历史微博的微博实时过滤模型退化为 LR 模型，当 $\delta=1$ 时，基于历史微博的微博实时过滤模型退化为 LM 模型。随着 δ 的增加，HIMFM 的 T11SU、$F_{0.5}$ 及 precision 持续上升并且逐步趋于稳定，但是 recall 开始下降。当 $\delta>0.3$ 时，δ 的变化对 HMMFM 的影响开始变小。

图 5－6 给出了 NRM_0 对基于历史微博的微博实时过滤模型的影响。NRM_0 是 NRM 的初始值，即过滤任务刚开始时可能存在的相关微博数量。它的值越高，意味着假设在过滤开始时有越多的相关微博。而事实上，在过滤早期相关微博的数目并不多。因此，太高的 NRM_0 值将导致性能的下降。

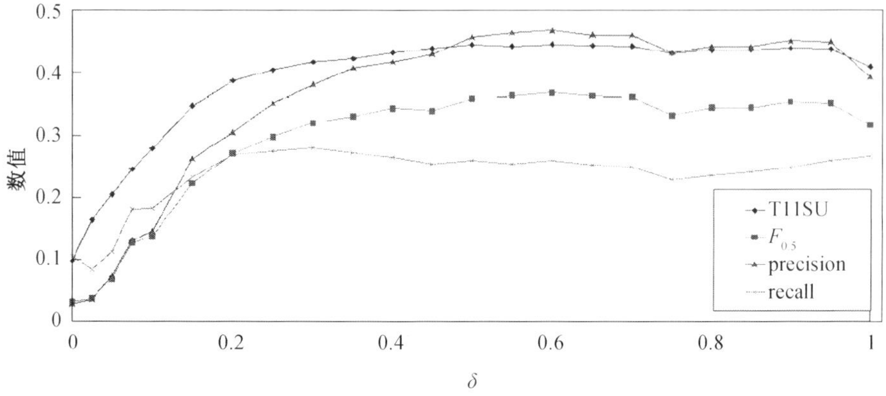

图 5—5　参数 δ 的影响

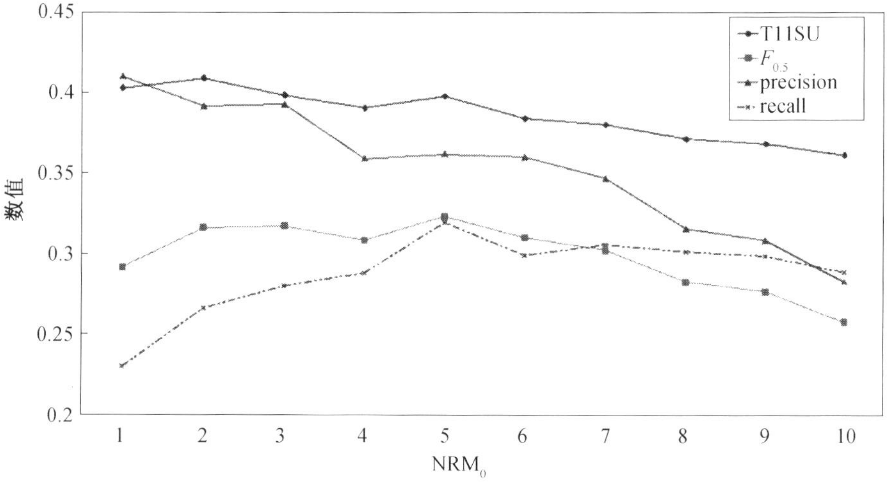

图 5—6　NRM_0 的影响

图 5—7 描述了基于历史微博的微博实时过滤模型性能随时间的影响范围 φ 的变化。通过图 5—7 可以看出，φ 的取值对性能的影响先升后降。当 $\varphi=10^5$ 时，模型获得了最高的 T11SU 和 $F_{0.5}$ 值。本质上 φ 决定了被相关微博影响的时间近邻的范围，$\varphi=10^5$ 的影响范围总体上与图 3—2 所呈现出来的微博近邻性在时间上的分布是一致的。φ 过小使得相关微博的影响范围太小，时间特性发挥的作用比较小，因此性能较低；φ 过大，导致时间影响涉及的范围过大，削弱了近邻微博之间的相互影响，因此当采用过大 φ 时，过滤性能会明显下降。

图 5—8 给出了 λ 对基于历史微博的微博实时过滤模型性能的影响。λ 值

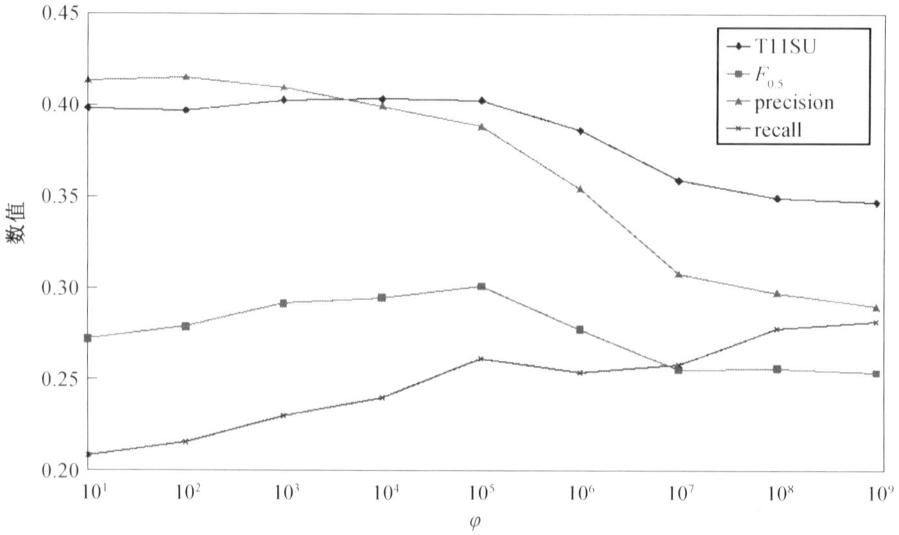

图 5－7　φ 的影响

决定了相关微博对 NRM 的影响强度，λ 越高，T11SU 下降越明显。

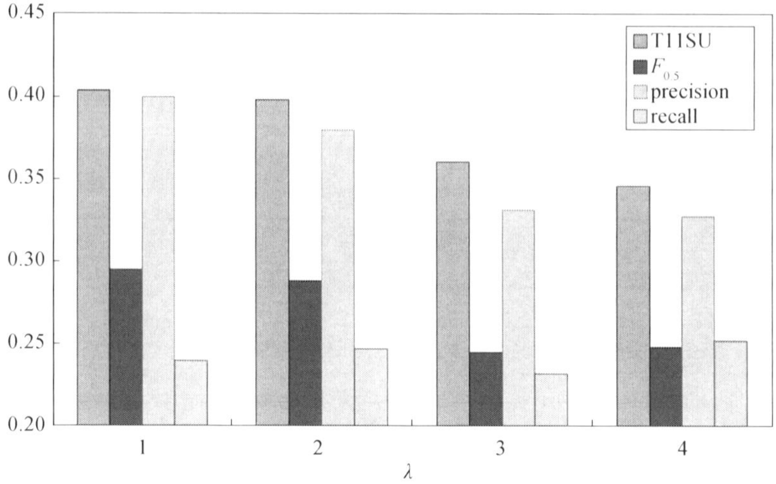

图 5－8　λ 的影响

5.4.3　讨论

微博实时过滤任务是一个复杂且富有挑战的任务。除了 5.1 提出的问题外，微博实时过滤还具有不平衡数据及单边反馈的问题。本文提出的基于历史微博的微博实时过滤模型从一定程度上有助于上述问题的解决。

不平衡数据问题。在微博过滤中，相关微博和不相关微博的比例是1∶30 000，由于实验数据仅是Twitter数据的抽样，真实情况下，这个比例将更高。严重的不平衡数据对分类模型的影响极大。尤其在过滤的早期阶段，当分类模型还没有学到一个准确的分类面之前，不平衡数据对分类模型的影响更大。一些研究利用提前过滤掉一些微博的方法避免不平衡数据的问题，比如文献[83]将不含有任何查询词的微博提前过滤掉以解决不平衡数据问题。而在本文的方法里，利用基于历史微博信息构建的先验知识，过滤掉了大量与查询具有较低相关度得分的不相关微博模型，从一定程度上缓解了不平衡数据问题。

(2) 单边反馈问题。在微博实时过滤中，用户的反馈是单边反馈，这意味着只有被过滤系统判为相关的微博才能获得用户的反馈信息。单边反馈严重地削弱了经典的在线过滤器的性能。Sculley的研究显示，对于采用错误驱动的分类模型，一旦分类面向着正例方向移动，就不会再移回。只有分类模型学习到位于反例一侧的训练用例，超平面才会向反例方向移动。然而，在本章的方法中，如果具有较高相关度得分但位于反例一侧的微博，由于先验知识的作用，它将被给予较高的概率参与模型的学习，如图5－3(c)所示。因此，本章的过滤模型从一定程度上缓解了单边反馈的问题。

本章小结

本章研究的主要内容是微博实时过滤任务，利用历史微博的排序信息和时间近邻性构建微博与查询的相关度先验知识，并通过这个先验来动态地修正分类面，据此提出了基于历史微博的微博实时过滤模型。该模型本质上是利用历史信息将分类模型和检索模型融合在一起。尽管本章的模型以逻辑回归和语言模型为例给出了实例，但理论上，本章提出的基于历史微博的微博实时过滤模型框架也可以应用其他分类模型和检索模型实现。

本章提出的实例在TREC 2012年的微博过滤数据上进行了验证。实验结果表明，该实例的性能优于基于语言模型和基于逻辑回归模型的过滤模型，同时也优于多个其他先进的微博实时过滤模型。

与其他过滤任务(例如垃圾邮件过滤) 相比，微博过滤任务是一个与查询相关的过滤问题。因此,将历史微博中所包含的检索模型信息融入分类模型中获得了一定的收益。如何从历史微博中挖掘出更多有用的信息,如何将检索模型和分类模型更好地融合,仍然是一个开放的问题,有待于进一步探索。

第6章 展 望

时间是微博信息的一个重要维度。本书利用微博的时间特性,分析了词语时间分布、查询的时间分布和文档的时间分布,探究了如何利用时间来解决微博检索和微博过滤中的查询建模、文档建模、相关度计算及实时过滤问题。

本书提出了利用查询词与扩展词的时间分布相似性进行查询扩展;利用相关文档在时间分布上的爆发性和近邻性来进行文档扩展;在语言模型框架下利用查询的时间分布、查询和文档的时间分布相似性、相关文档的时间近邻性来计算微博与查询的相关度,并提出了基于时间敏感损失函数的排序学习算法;利用历史微博中的排序信息和时间信息改进过滤模型。具体来说,本书的创新点和主要贡献如下:

(1) 在查询模型方面。本书针对查询信息短导致的信息检索中词的不匹配问题,提出了面向微博检索的基于词语时间分布的查询扩展方法。该方法利用扩展词与查询词的时间分布相似性来度量扩展词和查询词的相关度,建立了基于词语时间分布的查询模型。本书创新性地提出了词语时间分布的定义和估计方法,给出了查询词与扩展词的时间分布相似性的度量,基于词语时间分布完成扩展词的选择和查询模型的重估。该方法利用时间信息而不是内容来扩展查询,在一定程度上解决了基于内容的查询扩展方法因微博内容短而无法准确估计扩展词的问题。在 TREC 2011 和 TREC 2012 微博检索评测数据上,基于词语时间分布的查询扩展模型有效地提高了微博检索的性能,不仅显著优于经典的基于内容的查询扩展模型,而且优于多个利用时间进行查询扩展的方法。实验结果表明,在一定程度上,词语时间分布的相似性能够反映扩展词与查询词之间的相关程度,有助于查询建模。

(2) 在文档模型方面。针对微博内容短给文档语言模型估计带来的不利影响,提出了基于时间的微博文档模型。该模型利用爆发期和时间近邻的微博的语言模型来估计扩展词的权重,并使用机器学习的方法选择扩展词,建立文档扩展模型，并利用文档扩展模型完成文档模型的重估。与现有研究不同的是，本书的方法利用时间来获取与文档相关的信息，扩展词来源于时间爆发期的文档和时间近邻文档，而不是传统基于内容的方法所使用的聚类或内容近邻等依据内容相似性获取的文档，从而避免了基于内容的文档扩展方法因微博过短受到的影响。在 TREC 2011 和 TREC 2012 微博检索评测数据上，本书验证了基于时间的文档模型，该模型有效地提高了微博检索的性能，显著优于多个先进的文档模型。这表明，爆发期内的微博和时间近邻的微博能够从一定程度上反映待扩展的微博的相关内容，有助于完成对微博的建模。

(3) 在检索的相关度计算方面。在语言模型框架下提出了三种融入时间的相关度计算方法。进一步，针对排序学习没有考虑排序结果应符合相关微博在时间上的分布特性问题，提出了基于时间敏感的微博排序模型。该模型以使排序结果中相关微博的分布更符合相关微博在时间上呈现出爆发性这一事实规律为目标，在基于序对的排序学习算法框架下，定义了时间敏感损失函数，给出了基于逻辑回归的排序学习算法。在 TREC 2011 和 TREC 2012 微博检索评测数据上验证了时间敏感的排序模型优于传统的排序模型、多个基于时间的检索模型以及 TREC 2012 微博检索评测的最好结果。实验结果表明，时间信息有助于提升微博检索的性能。

(4) 在微博过滤方面。针对微博实时过滤条件下如何有效融合检索模型和分类模型的问题，提出了基于历史微博的微博实时过滤模型。具体来说，该模型将历史微博的排序信息以及时间近邻性应用在检索模型中构建先验知识，并利用先验知识动态调整分类模型的分类面，建立了融合检索模型和分类模型的微博过滤模型框架。进一步，本书使用语言模型和逻辑回归模型实现了该框架的一个实例，给出了具体参数的估计方法。在 TREC 2012 微博过滤数据集上的实验表明，基于历史微博的微博实时过滤模型的性能优于多个先进的微博过滤模型及 TREC 2012 微博过滤评测中的最好结果。这表明，历史微博能够提供有效先验信息将检索和分类融合在一起。

综上，时间是微博的一个重要的属性。合理利用时间特性，能够改善微博检索和微博过滤的性能。本书较好地利用时间特性提高了微博检索和微博过滤系统的性能，取得了阶段性成果。但时间特性的挖掘和利用尚存在较大的空间。

除本书四项研究工作涉及的内容之外，还可以考虑从下列五个方面展开探索：

(1) 时间和内容的深度融合。在目前的研究中，时间维度和内容维度是两个独立的维度，相关度的度量从这两个维度分别展开，然后将二者结合在一起。能否进一步将内容和时间统一到一个空间下开展相关度的度量还有待于进一步的探索。

(2) 时间片段语言模型的进一步研究。时间片段上建立的语言模型(简称时间片段语言模型)反映了该时间片段上人们使用语言的特点。不同时间片段上的语言模型的差异反映了不同时间段人们关注内容的变化。时间片段语言模型既具有内容信息也具有时间标签。本书中，借助时间片段语言模型开展了词、查询和文档在时间上的分布的估计。时间片段的动态调整、时间片段语言模型的建模等方面还有待遇进一步的深入研究。

(3) 检索模型和分类模型的在线协同学习。微博过滤的特殊性使得微博过滤既具有分类的特点又具有检索的性质。未来可以考虑进一步研究在线学习环境下的应用协同学习策略，融合两个模型的结果。

(4) 时间和空间特性的结合。微博的时间特性从一定程度上反映了查询与微博的相关性。此外，一些相关微博的发布在空间上也存在一定的特性，未来将进一步考虑将空间特性和时间特性融合，共同来提高微博检索和微博过滤的性能。

(5) 近年来深度学习，尤其是以 BERT 为代表的预训练模型在自然语言处理领域取得了突破性的进展，在信息检索领域也逐渐崭露头角。如何将时间特性融入预训练模型中也值得进一步的探索。

参考文献

[1] SOBOROFF I, OUNIS I, LIN J, et al. Overview of the TREC-2012 Microblog track[C]. Gaithersburg: Proceedings of the Twenty-First Text REtrieval Conference, 2012.

[2] DAKKA W, GRAVANO L, IPEIROTIS P G. Answering general time-sensitive queries[J]. IEEE Transactions on Knowledge and Data Engineering, 2012, 24(2): 220-235.

[3] EFRON M, LIN J, HE J, et al. Temporal feedback for tweet search with non-parametric density estimation[C]. Gold Coast: Proceedings of the 37th International ACM SIGIR Conference on Research and Development in Information Retrieval, 2014.

[4] LIN J, EFRON M. Temporal relevance profiles for tweet search[C]. Dublin: Proceedings of the 36th Annual International ACM SIGIR Conference on Research and Development in Information Retrieval Workshop on Time-aware Information Access, 2013.

[5] 卫冰洁，王斌. 面向微博搜索的时间感知的混合语言模型[J]. 计算机学报，2014，37(1)：229-237.

[6] EFRON M, GOLOVCHINSKY G. Estimation methods for ranking recent information[C]. Beijing: Proceedings of the 34th International ACM SIGIR Conference on Research and Development in Information Retrieval, 2011.

[7] KEIKHA M, SHIMA G I, FABIO C. Time-based relevance models[C]. Beijing: Proceedings of the 34th International ACM SIGIR Conference on Research and Development in Information Retrieval, 2011.

[8] CHOI J, CROFT W B. Temporal models for Microblogs[C]. Maui:

Proceedings of the 21st ACM International Conference on Information and Knowledge Management, 2012.

[9] PEETZ M H, EDGAR M, MAARTEN De R, et al. Adaptive temporal query modeling[C]. Barcelona: Proceedings of the 34th European Conference on Information Retrieval Research, 2012.

[10] LI X, CROFT W B. Time-based language models[C]. New Orleans: Proceedings of the 12th International Conference on Information and Knowledge Management, 2003.

[11] 刘挺，秦兵，张宇，等. 信息检索系统导论[M]. 北京：机械工业出版社，2008.

[12] SALTON G, FOX E A, WU H. Extended boolean information retrieval [J]. Communications of the ACM, 1983, 26(11): 1022-1036.

[13] SALTON G. Relevance feedback and the optimization of retrieval effectiveness[J]. The SMART Retrieval System Experiments in Automatic Document Processing, 1971: 324-336.

[14] SALTON G, WONG A, YANG C S. A vector space model for automatic indexing[J]. Communications of the ACM, 1975, 18(11): 613-620.

[15] MARON M E, KUHNS J L. On relevance, probabilistic indexing and information retrieval[J]. Journal of the ACM (JACM), 1960, 7(3): 216-244.

[16] ROBERTSON S E, JONES K S. Relevance weighting of search terms [J]. Journal of the American Society for Information Science, 1976, 27 (3): 129-146.

[17] ROBERTSON S E. Probability ranking principle in LR[J]. Journal of Documentation, 1977, 33(4): 294-304.

[18] PONTE J M, CROFT W B. A language modeling approach to information retrieval[C]. Melbourne: Proceedings of the 21st Annual International ACM SIGIR Conference on Research and Development in Information Retrieval, 1998.

[19] LAFFERTY J, ZHAI C. Document language models, query models,

and rrisk minimization for information retrieval[C]. Louisiana: Proceedings of the 24th Annual International ACM SIGIR Conference on Research and Development in Information Retrieval, 2001.

[20] CARPINETO C, ROMANO G. A survey of automatic query expansion in information retrieval[J]. ACM Computing Surveys, 2012, 44(1): 1-50.

[21] GAO J, XU G, XU J. Query expansion using path-constrained random walks[C]. Dublin:Proceedings of the 36th International ACM SIGIR Conference on Research and Development in Information Retrieval, 2013.

[22] BAI J, SONG D, BRUZA P, et al. Query expansion using term relationships in language models for information retrieval[C]. Bremen: Proceedings of the 14th ACM International Conference on Information and Knowledge Management, 2005.

[23] CAO G, NIE J Y, GAO J, et al. Selecting good expansion terms for pseudo-relevance feedback[C]. Singapore: Proceedings of the 31st Annual International ACM SIGIR Conference on Research and Development in Information Retrieval, 2008.

[24] LIN J,MURRAY G C. Assessing the term independence assumption in blind relevance feedback[C]//Proceedings of the 28th Annual International ACM SIGIR Conference on Research and Development in Information Retrieval. ACM Press, 2005.

[25] SALTON G, BUCKLEY C. Improving retrieval performance by relevance feedback[J]. Journal of the American Society for Information Science, 1990, 41(4):288-297.

[26] HARMAN D K. Relevance feedback and other query modification techniques[M]. Information Retrieval-Data Structures and Algorithms, 1992.

[27] CARPINETO C, ROMANO G, GIANNINI V. Improving retrieval feedback with multiple term-ranking function combination[J]. ACM Transactions on Information Systems, 2002, 20(3):259-290.

[28] AMATI G, VAN RIJSBERGEN C J. Probabilistic models for information retrieval based on divergence from randomness[J]. ACM Transactions on Information Systems, 2002,20(4):357-389.

[29] CHANG Y, OUNIS I, KIM M. Query reformulation using automatically generated query concepts from a document space[J]. Information Processing & Management, 2006, 42(2): 453-468.

[30] BERNARDINI A, CARPINETO C, D'AMICO M. Full-subtopic retrieval with keyphrase-based search results clustering[C]. Milan:IEEE/WIC/ACM International Joint Conferences on IET, 2009.

[31] BUCKELEY C, SALTON G, ALLAN J, et al. Automatic query expansion using SMART[C]. Gaithersburg:Proceedings of the 3rd Text Retrieval Conference,1994.

[32] WONG W S, LUK R W P, LEONG H V, et al. Re-examining the effects of adding relevance information in a relevance feedback environment[J]. Information Processing & Management, 2008, 44(3):1086-1116.

[33] LAVRENKO V, CROFT W B. Relevance based language models[C]. New Orleans: Proceedings of the 24th Annual International ACM SIGIR Conference on Research and Development in Information Retrieval, 2001.

[34] ZHAI C, LAFFERTY J. Model-based feedback in the KL-divergence retrieval model[M]//Proceedings of the Tenth International Conference on Information and Knowledge Management. New York:ACM Press, 2001.

[35] ZHAI C, LAFFERTY J. A study of smoothing methods for language models applied to information retrieval[J]. ACM Transactions on Information Systems, 2004, 22(2):179-214.

[36] MEI Q, ZHANG D, ZHAI C X. A general optimization framework for smoothing language models on graph structures[C]. Singapore: Proceedings of the 31st Annual International ACM SIGIR Conference on Research and Development in Information Retrieval,2008.

[37] LIU X, CROFT W B. Cluster-based retrieval using language models [C]. Sheffield:Proceedings of the 27th Annual International ACM SIGIR Conference on Research and Development in Information Retrieval, 2004.

[38] KURLAND O, LEE L. Corpus structure, language models, and ad-hoc information retrieval[C]. Sheffield: Proceedings of the 27th Annual International ACM SIGIR Conference on Research and Development in Information Retrieval, 2004.

[39] LIANG S, REN Z, DE RIJKE M. The impact of semantic document expansion on cluster-based fusion for Microblog search[C]//Proceedings of the 36th European Conference on Information Retrieval(ECIR 2014). Amsterdam: Springer, 2014: 493-499.

[40] TAO T, WANG X, MEI Q, et al. Language model information retrieval with document expansion[C]. Morristown: Proceedings of the Main Conference on Human Language Technology Conference of the North American Chapter of the Association of Computational Linguistics, Association for Computational Linguistics, 2006.

[41] HUANG Y, SUN L, NIE J Y. Smoothing document language model with local word graph[C]. Hong Kong:Proceedings of the 18th ACM Conference on Information and Knowledge Management, 2009.

[42] EFRON M, ORGANISCIAK P,FENLON K. Improving retrieval of short texts through document expansion[C]. Portland: Proceedings of the 35th International ACM SIGIR Conference on Research and Development in Information Retrieval, 2012.

[43] METZLER D, CAI C. USC/ISI at TREC 2011: Microblog track[C]. Gaithersburg: Proceedings of the Twenty Text REtrieval Conference (TREC 2011), 2011.

[44] HAN Z,LI X,YANG M,et al. HIT at TREC 2012 Microblog track[C]. Gaithersburg: Proceedings of the Twenty-First Text REtrieval Conference, 2012.

[45] SOBOROFF I,OUNIS I,LIN J. Overview of the TREC-2013 Microblog

track[C]. Gaithersburg: Proceedings of the Twenty-Second Text REtrieval Conference, 2013.

[46] LIU T Y. Learning to rank for information retrieval[J]. Foundations and Trends in Information Retrieval, 2009, 3(3): 225-331.

[47] CHENG F, ZHANG X, HE B, et al. A survey of learning to rank for real-time twitter search[C]. Istanbul: Joint Internation Conference on Pervasive Computing and the Networked World, 2013.

[48] EL-GANAINY T, WEI Z, MAGDY W, et al. Qcri at Trec 2013 Microblog track[C]. Gaithersburg: Proceedings of the Twenty-Second Text REtrieval Conference, 2013.

[49] DUAN Y, JIANG L, QIN T, et al. An empirical study on learning to rank of tweets[C]. Beijing: Proceedings of the 23rd International Conference on Computational Linguistics, 2010.

[50] HUANG M, YANG Y, ZHU X. Quality-based ranking of short texts in Microblogging services[C]. Chiang Mai: Proceedings of the 5th International Joint Conference on Natural Language Processiong,2011.

[51] LI J, WEI Z, WEI H, et al. Learning to rank Microblog posts for real-time ad-hoc search[C]. Nahchang: Natural Language Processing and Chinese Computing, 2015.

[52] FRIEDMAN J H. Greedy function approximation: a gradient boosting machine[J]. Annals of Statistics, 2011,29(5): 1189-1232.

[53] HERBRICH R, OBERMAYER K, GRAEPEL T. Large margin rank boundaries for ordinal regression[J]. Advances in Large Margin Classifiers, 2000,88(2): 115-132.

[54] JOACHIMS T. Optimizing search engines using clickthrough data[C]. Alberta: Proceedings of the eighth ACM SIGKDD International Conference on Knowledge Discovery and Data Mining, 2002.

[55] FREUND Y, IYER R, SCHAPIRE R E,et al. An efficient boosting algorithm for combining preferences[J]. The Journal of Machine Learning Research, 2003, 4: 933-969.

[56] WU Q, BURGES C J, SVORE K M,et al. Adapting boosting for infor-

mation retrieval measures[J]. Information Retrieval, 2010, 13(3): 254-270.

[57] JONES R, DIAZ F. Temporal profiles of queries[J]. ACM Transactions on Information Systems (TOIS), 2007, 25(3): 141-172.

[58] METZLER D, JONES R, PENG F, et al. Improving search relevance for implicitly temporal queries[C]. Boston: Proceedings of the 32nd International ACM SIGIR Conference on Research and Development in Information Retrieval, 2009.

[59] ALONSO O, BAEZA-YATES R, GERTZ M. Effectiveness of temporal snippets[C]. San Diego: WSSP Workshop at the World Wide Web Conference, 2009.

[60] ALONSO O, GERTZ M, BAEZA-YATES R. Enhancing document snippets using temporal information[M]. Pisa: Symposium on String Processing and Information Retrieval, 2011.

[61] DONG A, ZHANG R, KOLARI P, et al. Time is of the essence: Improving recency ranking using twitter data[C]. Raleigh: Proceedings of the 19th International Conference on World Wide Web, 2010.

[62] METZGER M J. Making sense of credibility on the web: models for evaluating online information and recommendations for future research [J]. Journal of the American Society for Information Science & Technology, 2007, 58(13):2078-2091.

[63] BERBERICH K, VAZIRGIANNIS M, WEIKUM G. Time-aware Authority Ranking[J]. Internet Mathematics, 2005, 2(3): 301-332.

[64] DONG A, CHANG Y, ZHENG Z, et al. Towards recency ranking in web search[C]. New York: Proceedings of the third ACM International Conference on Web Search and Data Mining, 2010.

[65] ELSAS J L, DUMAIS S T. Leveraging temporal dynamics of document content in relevance ranking[C]. New York: Proceedings of the Third ACM International Conference on Web Search and Data Mining, 2010.

[66] DAI N, SHOKOUHI M, DAVISON B D. Learning to rank for freshness and relevance[C]. Beijin: Proceedings of the 34th international

ACM SIGIR Conference on Research and Development in Information Retrieval, 2011.

[67] KANHABUA N, NØRVÅG K. Improving temporal language models for determining time of non-timestamped documents[C]. Aarhus: 12th European Conference on Research and Advanced Technology for Rigital Libraries, 2008.

[68] ALONSO O, GERTZ M. Clustering of search results using temporal attributes[C]. Seattle: Proceedings of the 29th Annual International ACM SIGIR Conference on Research and Development in Information Retrieval. ACM, 2006.

[69] CAMPOS R, JORGE A M, DIAS G, et al. Disambiguating implicit temporal queries by clustering top relevant dates in web snippets[C]. Macau: Proceedings of Web Intelligence and Intelligent Agent Technology (WI-IAT) 2012 IEEE/WIC/ACM International Conferences, 2012.

[70] BAEZA-YATES R. Searching the future[C]. Sheffield: Proceedings of the 27th Annual International ACM SIGIR Conference on Research and Development in Information Retrieval, 2005.

[71] JATOWT A, KANAZAWA K, OYAMA S, et al. Supporting analysis of future-related information in news archives and the web[C]. Austin: Proceedings of the 9th ACM/IEEE-CS Joint Conference on Digital Libraries, 2009.

[72] RADINSKY K, HORVITZ E. Mining the web to predict future events [C]. Rome: Proceedings of the Sixth ACM International Conference on Web Search and Data Mining, 2013.

[73] DIAS G, MORENO J G, JATOWT A, et al. Temporal web image retrieval[M] // String Processing and Information Retrieval. Berlin: Springer Berlin Heidelberg, 2012.

[74] CHENG S, ARVANITIS A, HRISTIDIS V. How fresh do you want your search results? [C]. San Francisco: Proceedings of the 22nd ACM International Conference on Conference on Information & Knowledge

Management, 2013.

[75] MIYANISHI T, SEKI K, UEHARA K. Combining recency and topic-dependent temporal variation for Microblog search[C]. Moscow: Proceedings of the 35th European Conference on Information Retrieval, 2013.

[76] METZLER D, CAI C, HOVY E. Structured event retrieval over Microblog archives[C]. Montreal: Proceedings of the 2012 Conference of the North American Chapter of the Association for Computational Linguistics: Human Language Technologies, 2012.

[77] CHENG S, ARVANITIS A, HRISTIDIS V. How fresh do you want your search results? [C]. San Francisco: Proceedings of the 22nd ACM International Conference on Conference on Information & Knowledge Management, 2013.

[78] BOSCH H, THOM D, HEIMERL F, et al. Scatterblogs2: Real-time monitoring of Microblog messages through user-guided filtering[J]. IEEE Transactions on Visualization and Computer Graphics, 2013, 19 (12): 2022-2031.

[79] WU D, YANG F, ZHANG C. Statistical methods based on semantic similarity of topics related to Microblogging[J]. Journal of Software, 2013, 8(1): 192-199.

[80] DIAZ-AVILES E, DRUMOND L, SCHMIDT-THIEME L, et al. Real-time top-n recommendation in social streams[C]. Dublin: Proceedings of the Sixth ACM Conference on Recommender Systems, 2012.

[81] ASADI N, LIN J. Fast candidate generation for real-time tweet search with bloom filter chains[J]. ACM Transactions on Information Systems, 2013, 31(3): 13.

[82] GOLBECK J. The twitter mute button: a web filtering challenge[C]. Austin: Proceedings of the SIGCHI Conference on Human Factors in Computing Systems, 2012.

[83] LIMSOPATHAM N, MCCREADIE R, ALBAKOUR M, et al. University of glasgow at TREC 2012: experiments with terrier in medical re-

cords, Microblog, and web tracks[C]. Gaithersburg: Proceedings of the Twenty-First Text Retrieval Conference, 2012.

[84] LIANG F, QIANG R, HONG Y, et al. PKUICST at TREC 2012 Microblog track[C]. Gaithersburg: Proceedings of the Twenty-First Text Retrieval Conference, 2012.

[85] KARIMI S, YIN J, THOMAS P. Searching and filtering tweets: CSIRO at the TREC 2012 Microblog track[C]. Gaithersburg: Proceedings of the Twenty-First Text Retrieval Conference, 2012.

[86] ALBAKOUR M, MACDONALD C, OUNIS I. On sparsity and drift for effective real-time filtering in Microblogs[C]. San Francisco: Proceedings of the 22nd ACM International Conference on Conference on Information & Knowledge Management, 2013.

[87] APPEL K, MATHEWS L, LIM D, et al. Siena's twitter information retrieval system: the 2012 Microblog track[C]. Gaithersburg: Proceedings of the Twenty-First Text Retrieval Conference, 2012.

[88] EL DINA S, MAGDY W. Web-based pseudo relevance feedback for Microblog retrieval[C]. Gaithersburg: Proceedings of the Twenty-First Text Retrieval Conference, 2012.

[89] ZHANG Y. Using bayesian priors to combine classifiers for adaptive filtering[C]. Sheffield: Proceedings of the 27th Annual International ACM SIGIR Conference on Research and Development in Information Retrieval, 2004.

[90] GAO J, XU G, XU J. Query expansion using path-constrained random walks[C]. Dublin: Proceedings of the 36th International ACM SIGIR Conference on Research and Development in Information Retrieval, 2013.

[91] BAI J, SONG D, BRUZA P, et al. Query expansion using term relationships in language models for information retrieval[C]. Bremen: Proceedings of the 14th ACM International Conference on Information and Knowledge Management, 2005.

[92] CAO G, NIE J Y, GAO J, et al. Selecting good expansion terms for

pseudo-relevance feedback[C]. Singapore: Proceedings of the 31st Annual International ACM SIGIR Conference on Research and Development in Information Retrieval, 2008.

[93] TEEVAN J, RAMAGE D, MORRIS M R. Twittersearch: a comparison of Microblog search and web search[C]. Hong Kong: Proceedings of the Fourth ACM International Conference on Web Search and Data Mining, 2011.

[94] MERIGÓ J M, CASANOVAS M. A new minkowski distance based on induced aggregation operators[J]. International Journal of Computational Intelligence Systems, 2011, 4(2): 123-133.

[95] RAMAGE D, DUMAIS S T, LIEBLING D J. Characterizing Microblogs with topic models[C]. Washington: Proceedings of the 4th International Conference on Weblogs and Social Media, 2010.

[96] ZHAI C, LAFFERTY J. Model-based feedback in the language modeling approach to information retrieval[C]. Atlanta: Proceedings of the Tenth International Conference on Information and Knowledge Management, 2001.

[97] ZHAI C, LAFFERTY J. Two-stage language models for information retrieval[C]. Tampere: Proceedings of the 25th Annual International ACM SIGIR Conference on Research and Development in Information Retrieval, 2012.

[98] LIANG S, DE RIJKE M, TSAGKIAS M. Late data fusion for Microblog search[C]. Moscow: Proceedings of the 35th European Conference on Advances in Information Retrieval, 2013.

[99] 李航. 统计学习方法[M]. 北京:清华大学出版社, 2012.

[100] BURGES C J, SHAKED T, RENSHAW E, et al. Learning to rank using gradient descent[C]. Bonn: Proceedings of the 22nd International Conference on Machine Learning, 2005.

[101] GOODMAN J, YIH W. Online discriminative spam filter training[C]. Mountain View: Proceedings of the Third Conference on Email and AntiSpam, 2006.

[102] ALLAN J. Incremental relevance feedback for information filtering [C]. Zurich: Proceedings of the 19th Annual International ACM SIGIR Conference on Research and Development in Information Retrieval, 1996.

[103] SCULLEY D. Practical learning from one-sided feedback[C]. San Jose: Proceedings of the 13th ACM SIGKDD International Conference on Knowledge Discovery and Data Mining, 2007.

[104] ZHOU X, WU S, CHEN C, et al. Real-time recommendation for Microblogs[J]. Information Sciences, 2014(279): 301-325.

[105] WANG Y, WU H, FANG H. An exploration of tie-breaking for Microblog retrieval[C]. Amsterdam: Proceedings of the 36th European Conference on Information Retrieval, 2014.

[106] EL-GANAINY T, MAGDY W, RAFEA A. Hyperlink-extended pseudo relevance feedback for improved Microblog retrieval[C]. Canberra: Proceedings of the First International Workshop on Social Media Retrieval and Analysis, 2014.

[107] LIANG S, REN Z, WEERKAMP W, et al. Time-aware rank aggregation for Microblog search[C]. Sharghai: Proceedings of the 23rd ACM International Conference on Conference on Information and Knowledge Management, 2014.

[108] ZHANG Z, LAN M. Estimating semantic similarity between expanded query and tweet content for Microblog retrieval[C]. Gaithersburg: Proceedings of the Twenty-Three Text Retrieval Conference, 2014.

[109] WEI Z, GAO W, EL-GANAINY T, et al. Ranking model selection and fusion for effective Microblog search[C]. Canberra: Proceedings of the First International Workshop on Social Media Retrieval and Analysis, 2014.

[110] MAGDY A, ALY A M, MOKBEL M F, et al. Mars: real-time spatiotemporal queries on Microblogs[C]. Chicago: The IEEE 30th International Conference on Data Engineering, 2014.

[111] CUMMINS R, PAIK J H, LV Y. A pólya urn document language

model for improved information retrieval[J]. ACM Transactions on Information Systems (TOIS), 2015, 33(4): 21.

[112] CHY A N, ULLAH M Z, AONO M. A time and context aware re-ranker for Microblog retrieval[C]. Tokyo: The 29th Annual Conference of the Japanese Society for Artificial Intelligence, 2015.

[113] YOU S, HUANG W, MU X. Using Event Identification Algorithm (EIA) to improve Microblog retrieval effectiveness[C]. Singapore: The IEEE/WIC/ACM International Conference on Web Intelligence and Intelligent Agent Technology, 2015.

[114] LIU M, LIU S, ZHU X, et al. An uncertainty-aware approach for exploratory Microblog retrieval[J]. IEEE Transactions on Visualization and Computer Graphics,2016, 22(1): 250-259.

[115] WANG Z, ZHANG M. Feedback model for Microblog retrieval[C]. Indonesia: The 21st International Conference on Database Systems for Advanced Applications, 2015.

[116] RODRIGUEZ PEREZ J A, JOSE J M. On Microblog dimensionality and informativeness: exploiting Microblogs' structure and dimensions for ad-hoc retrieval[C]. Massachusetts: Proceedings of the ACM SIGIR 2015 International Conference on the Theory of Information Retrieval, 2015.

[117] SALEEM H M, AL ZAMAL F, RUTHS D. Tackling the challenges of situational awareness extraction in twitter with an adaptive approach [J]. Procedia Engineering, 2015(107): 301-311.

[118] FEIFAN F, YUE F. PKUICST at TREC 2015 Microblog track: Query-biased adaptive filtering in real-time Microblog stream[C]. Gaithersburg: Proceedings of the Twenty-Four Text REtrieval Conference, 2015.

[119] NAND P, PERERA R, KLETTE G. A tweet classification model based on dynamic and static component topic vectors[C]. Canberra: 28th Australasian Joint Conference, 2015.

[120] LIANG S, DE RIJKE M. Burst-aware data fusion for Microblog search

[J]. Information Processing & Management, 2015, 51(2): 89-113.

[121] LIN J, EFRON M, WANG Y, et al. Overview of the TREC-2014 Microblog track[C]. Gaithersburg: Proceedings of the Twenty-Three Text Retrieval Conference, 2014.

[122] ALBISHRE K, LI Y, XU Y. Effective pseudo-relevance for Microblog retrieval[C]. Geelong: Proceedings of the Australasian Computer Science Week Multiconference, 2017.

[123] ALBISHRE K, LI Y, XU Y. Query-Based Automatic Training Set Selection for Microblog Retrieval [M]//Pacific-Asia Conference on Knowledge Discovery and Data Mining. Berlin: Springer, 2018.

[124] BELHADI A, DJENOURI Y, LIN J C W, et al. Exploring pattern mining algorithms for hashtag retrieval problem[J]. IEEE Access, 2020, 8: 10569-10583.

[125] BUNTAIN C, LIN J, GOLBECK J. Discovering key moments in social media streams[C]. Las Vegas: 2016 13th IEEE Annual Consumer Communications & Networking Conference (CCNC), 2016.

[126] CAI F, LIANG S, DE RIJKE M. Prefix-adaptive and time-sensitive personalized query auto completion[J]. IEEE Transactions on Knowledge and Data Engineering, 2016, 28(9): 2452-2466.

[127] CAMPOS R, DIAS G, JORGE A M, et al. Identifying top relevant dates for implicit time sensitive queries[J]. Information Retrieval Journal, 2017, 20(4): 363-398.

[128] CHEN Q, HU Q, HUANG J X, et al. Taker: Fine-grained time-aware Microblog search with kernel density estimation[J]. IEEE Transactions on Knowledge and Data Engineering, 2018, 30(8): 1602-1615.

[129] CHY A N, ULLAH M Z, AONO M. Microblog retrieval using ensemble of feature sets through supervised feature selection[J]. IEICE TRANSACTIONS on Information and Systems, 2017, 100(4): 793-806.

[130] CHY A N, ULLAH M Z, AONO M. Query expansion for Microblog retrieval focusing on an ensemble of features[J]. Journal of Information

Processing, 2019, 27: 61-76.

[131] HAN Z,LI S,KONG L,et al. HLJIT at TREC 2017 Real-time summarization[C]. Gaithersburg: Proceedings of The Twenty-Sixth Text Retrieval Conference, 2017.

[132] GONÇALVES G, MARTINS F, MAGALHÃES J. Analysis of subtopic discovery algorithms for real-time information summarization[C]. Lyon: Companion Proceedings of the The Web Conference,2018.

[133] KARMAKER SANTU S K, LI L, PARK D H, et al. Modeling the influence of popular trending events on user search behavior[C]. Perth: Proceedings of the 26th International Conference on World Wide Web Companion,2017.

[134] MARTINS F, MAGALHÃES J, CALLAN J. Modeling temporal evidence from external collections[C]. Melbourne: Proceedings of the Twelfth ACM International Conference on Web Search and Data Mining,2019.

[135] MARTINS F, MAGALHÃES J, CALLAN J. Avertical PRF architecture for Microblog search[C]. Ann Arbor: Proceedings of the 2018 ACM SIGIR International Conference on Theory of Information Retrieval,2018.

[136] RODRIGUEZ PEREZ J A. Microblog retrieval challenges and opportunities[D]. Glasgow:University of Glasgow, 2018.

[137] 孔蕾蕾. 抄袭检测研究[M]. 北京:科学出版社, 2019.

[138] RAO J, TURE F, NIU X, et al. Mining the temporal statistics of query terms for searching social media posts[C]. Tokyo: Proceedings of the ACM SIGIR International Conference on Theory of Information Retrieval,2017.

[139] RAO J, HE H, ZHANG H, et al. Integrating lexical and temporal signals in neural ranking models for searching social media streams[J]. Tokyo: SIGIR 2017 Workshop on Neural Information Retrieval, 2017.

[140] RAO J, NIU X, LIN J. Compressing and decoding term statistics time series [C]. Padua: European Conference on Information Retrieval, 2016.